John Owen
Rhagfyr 2000.

HELYNT A HEULWEN

Cyfrol fuddugol yn Eisteddfod Genedlaethol Môn, 1999,
gyda pheth newidiadau ac ychwanegiadau.

HELYNT A HEULWEN

HANES CWMNI DRAMA LLANGEFNI

1929-1949

O. ARTHUR WILLIAMS

GWASG PANTYCELYN

Gwasg Pantycelyn
2000

ISBN 1-903314-11-9

Dymuna'r cyhoeddwyr gydnabod cymorth
Adrannau Cyngor Llyfrau Cymru.

Argraffwyd gan Wasg Pantycelyn, Caernarfon

CYNNWYS

DIOLCHIADAU A CHYDNABYDDIAETHAU

1. I'r canlynol am fy nerbyn ar eu haelwydydd, rhai fwy nac unwaith:

Mr. William Evans, Llangefni
Mrs. Eluned Isherwood , Rhosneigr
Y diweddar Mrs. Doris Aethwy-Jones, Caer
Mr. J. O. Jones, Porthaethwy
Mrs. Kitty Jones, Llanfairpwll
Mr a Mrs Richard T. Jones, Benllech
Miss. Nest M. Roberts, Llangefni
Mrs. Myfanwy Roberts, Llangefni
Mr. T. D. Roberts, Llangefni
Mr. William R. Lewis, Llangefni

2. I'r canlynol am eu cysylltiadau ysgrifenedig:

Mrs. Iris Cobbe, B.B.C. Caerdydd
Mrs. Myfanwy Jarman, Caerdydd
Mr. Richard T. Jones, Benllech
Mr. Emyr Jones, Caernarfon
Y diweddar Dr. Elwyn Williams, Guildford, Surrey

3. I staff y sefydliadau canlynol:

Archifdy Llangefni
Archifdy Caernarfon
Archifdy Rhuthun
Archifdy Dolgellau
Llyfrgell Genedlaethol Cymru, Aberystwyth
Llyfrgell y Sir, Llangefni
Swyddfa Gwasanaethau Gwirfoddol Ynys Môn,Llangefni

4. I Mr.Edward Parry-Jones, Llanfairpwll, am ei ganiatâd i ddefnyddio ei waith artistig ar gyfer y clawr.

5. I Nia a Kevin Jones, Llanfairpwll, am eu cymorth gyda'r teipio a'r cysodi.

6. I Gyngor Llyfrau Cymru am noddi'r gyfrol.

7. I Wasg Pantycelyn, Caernarfon, am ei pharodrwydd i gyhoeddi'r gyfrol ar ffurf mor ddestlus.

GAIR O GYFLWYNIAD

Pan sonnir am y ddrama Gymraeg yng nghyd-destun tref Llangefni, hanes George Fisher yn sefydlu'r Theatr Fach a ddaw gyntaf i'r meddwl. Syndod pleserus yw deall fod y ddrama Gymraeg yn ffynnu yn y dref ugain mlynedd a mwy cyn i George Fisher sefydlu'i Theatr.

Hoelen wyth y ddrama Gymraeg yn Llangefni oedd y diweddar Edward Williams, 'Ned Siop Gray' fel yr adweinid ef ar lafar gwlad ym Môn. Gŵr hunanddysgedig o Aberffraw ydoedd a ddaeth i fyw a gweithio yn y dref. Pan oedd yn llanc ifanc daeth dan ddylanwad yr enwog W. J. Griffith, awdur *Storïau'r Henllys Fawr*, ac fel y gŵyr y cyfarwydd, stori arbennig o'r casgliad hwn *Antur y Ddrama* a ddyfynnir fynychaf gan haneswyr y ddrama Gymraeg i geisio cyfleu naws theatr a drama yng Nghymru ym mlynyddoedd cynnar yr ugeinfed ganrif. Yn briodol ddigon, mae O. Arthur Williams, awdur y gyfrol hon, yn dyfynnu'n helaeth ohoni cyn dod at ei briod faes: hynt a helynt Cwmni Drama Llangefni o 1929 hyd at 1949.

O ddarllen stori W. J. Griffith hawdd fyddai tybio mai rhyw hwyl a sbort digon arwynebol oedd ymhel â'r ddrama yn y cyfnod hwn. Fel y gwelir, o ddarllen y gyfrol hon, câi cwmnïau hwyl ar y naw yn perfformio ar hyd a lled y wlad ond 'roedd mwy iddi na hynny: teimlai Edward Williams a'i actorion eu bod yn gwneud rhywbeth gwir arwyddocaol yn ddiwylliannol. Nid rhywbeth ffwrdd a hi oedd cyfarwyddo drama: ystyrid hi'n grefft y dylid ei meistroli drwy ymarfer trylwyr a chyson gan fod ymateb cynulleidfa a beirniad yn cyfrif.

Byddai rhai'n dadlau mai dramâu digon tenau eu themâu a melodramataidd eu hadeiladedd a berfformid. Ond gellid dweud yr un peth am y dramâu a berfformid yn theatrau Llundain yn y bedwaredd ganrif ar bymtheg. Rhywbeth cymharol ddiweddar yn hanes y theatr orllewinol yw perfformio dramâu sy'n anesmwytho cynulleidfa drwy bwysleisio cymhlethdod a gwacter bywyd. Hyd at gyfnod Ibsen a Strindberg defnyddid y theatr i gadarnhau rhagdybiaethau pobl ynglŷn â'r byd yr oeddynt yn byw ynddo. Cyfansoddai'r Groegwr Soffocles ei drasiedïau er mwyn tanlinellu'r hyn a wyddai'r Atheniaid eisoes; os tramgwyddir y duwiau, ni ellir ffoi rhag eu llid a'u dicter. Er i Shakespeare dreiddio i gymhlethdodau ciliau calon dyn mewn modd na wnaethpwyd gan unrhyw ddramodydd na chynt nac wedyn, rhaid cofio mai cadarnhau rhagdybiaethau moesol a gwleidyddol ei gynulleidfa a wnâi; yr oedd yn bropagandydd heb ei ail i'r Tuduriaid.

Wrth gwrs, yr oedd y dramâu a berfformid yn Theatr Dionusos yn Athen a'r Globe yn Llundain yn fwy soffistigedig na'r dramâu a berfformid gan gwmnïau amatur Cymru ond mae un peth yn gyffredin iddynt: cyflwynent yr hyn y dymunai pobl ei weld a dyma, efallai, hanfod gwir theatr fyw ac ystyrlon. Yng ngoleuni hyn y mae dehongli'r tyndra rhwng Edward Williams a George Fisher. 'Roedd drwgdybiaeth y naill o'r llall yn rhywbeth mwy na 'chythraul drama' mewn tref farchnad fechan ym Môn. Ceisiai George Fisher, wrth sefydlu'r Theatr Fach, ddenu cynulleidfa Edward Williams a'i debyg at theatr o natur wahanol; theatr fodern Ewropeaidd ei naws, theatr a fwriai amheuaeth ar hen werthoedd oesol. Mae'n arwyddocaol mai'r ddrama a achosodd fwyaf o gur pen i gwmni Llangefni oedd *Y Brodyr*, John Gwilym Jones, a berfformiwyd yn Eisteddfod Genedlaethol Bae Colwyn 1947. Er i'r beimiad, yr actor Hugh Griffith, ganmol agweddau ar y cynhyrchiad, yr oedd yn bur hallt ei feirniadaeth ar y ddrama ei hun. Ni ellir llai na theimlo fod Edward Williams ei hun yn cytuno â'r beirniad. Yn ei dydd, 'roedd hon yn ddrama feiddgar oherwydd heriai ragdybiaethau'r Gymru Gymraeg ynglŷn â natur y teulu a dyletswydd plant tuag at eu rhieni. Ar ôl methu gwireddu ei wir ddyheadau y mae'r prif gymeriad yng ngolygfa olaf y ddrama yn ei ladd ei hun. Mae'n ddrama fodern, Ewropeaidd ei naws. Sefydliad sy'n dinistrio'r unigolyn yw'r teulu ynddi yn hytrach na rhywbeth sy'n ei gynnal. Ond dyma'r math o ddrama y dymunai George Fisher ei chyflwyno i bobl Môn er mwyn ehangu eu chwaeth theatraidd. Diddorol fyddai gwybod beth oedd gwir ymateb pobl Môn i ddramâu rhywun fel Ibsen yn nyddiau cynnar y Theatr Fach. O edrych yn ôl, mae rhywbeth yn dweud wrthyf iddynt beri cryn benbleth i bobl. Yr oeddynt yn darlunio argyfyngau moesol a syniadol nad oedd pobl Llangefni hyd yma wedi'u profi. Yn y bôn, yr oedd pobl yn dyheu am yr hen ddramâu Cymraeg a gwyddai George Fisher hynny oherwydd, er mwyn cadw'r gynulleidfa, mynnai fod yr hen ffefrynnau'n cael eu llwyfannu o bryd i'w gilydd. Mae'n drueni na chafodd Edward Williams gyfle i gyfarwyddo dim ond un ohonynt.

WILLIAM R. LEWIS

Y CYCHWYN
(1896 - 1929)

Bwriad y gyfrol hon yw olrhain hanes Cwmni Drama Llangefni, ond cyn gwneud hynny, rhaid troi yn y lle cyntaf at bentref bach Aberffraw ym Môn. Mae'r Berffro yn enwog ar sawl cyfrif – am ei deisennau blasus ac am ddefaid Trefri. Yno, hefyd, 'roedd Llys Tywysogion Gwynedd ond yn bwysicach fyth yn hanes datblygiad y ddrama amatur Gymraeg, yno 'roedd fferm Yr Henllys Fawr, cartref W. J. Griffith (1875-1931), awdur *Storïau'r Henllys Fawr*. Felly, gan fenthyca teitl pumed nofel T. Rowland Hughes (1947), i'r Berffro yr awn ar y cychwyn a dwyn i gof rannau o stori W. J. Griffith, *Antur y Ddrama*:

"Mi faswn i'n leicio iti neud drama i mi, was i," ebr fy nghyfaill Williams, yn llenwi ei bibell o'r blychiad tybaco a oedd gennyf yn sychu ar y pentan.

"Drama!" meddwn i, mewn syndod. "Pam?"

"Blys codi cwmni sy arna i ers tro, i roi tipyn o fywyd yn y lle acw. Mae'r hen bentra wedi mynd cyn fflatied a haearn smwddio."

"Mae pethau dipyn yn farwaidd acw, wir," cydolygais.

"Dipyn! 'Waeth iti fod yn preswylio mewn ynys yn y Môr Marw ar ddim adloniant gei di acw, ac fel y gwyddost ti, drama pia hi'r dyddia yma; felly mi fydda i'n ddiolchgar os sgrifenni di un ar gyfar wyth neu ddeg o gymeriada, i ni ei hactio nos Nadolig."

"Nos Nadolig! Y Nadolig nesa?"

"Ia, wrth gwrs. Mae hi braidd yn gynnar i baratoi at y Nadolig ar ôl nesa. Hwyrach y byddi di a minna rhwng cwn a chigfrain erbyn hynny, was i."

"Ond, ddyn glan, 'does ond mis o amser tan y Nadolig nesa!"

"Llawn digon. Pythefnos i ti roi'r ddrama wrth ei gilydd, a phythefnos i minna dorri'r cwmni i mewn."

"Ond pythefnos i gyfansoddi drama i wyth neu ddeg o bersonau, a minnau'n hollol anghynefin a'r gwaith!" gwrthdystiais. "Mae'r peth yn afresymol."

"Mi ddoi iddi ar d'union," ebr efo. "'Rwyt ti'n hylaw hefo dy bin, ac y mae popeth yn ffafriol iti – amsar slac ar y ffarm, nosweithiau hirion a thawelwch, a dim gwraig i fan siarad ar draws dy feddylia di." . . .

. . . "Pa fath ar ddrama oeddet ti'n ddisgwyl gael?" gofynnais.

"Hyd y gwelais i," ebr efo, "rhywbeth yn debyg ydyn nhw i gyd o ran defnyddia. Mae gen ti hen gwpl duwiol ond gwael at eu byw, angyles o ferch mewn cariad â'r gweinidog Methodus, cythral o stiward yn dwrdio troi'r hen gwpwl ar y clwt os na chaiff o'r ferch, a mab afradlon yn dwad adra'n gefnog o'r 'Merica ar y funud ola. Cymysga nhw i fyny hefo cipar, potsiar neu ddau, tafarnwr a beili, a dyna ichdi – cyn hawsed a chau adwy gerrig."

"Ond mae'r amser mor fyr," protestiais drachefn.

"'Raid iti ddim trafferthu gormod hefo'r diwyg," aeth Williams ymlaen. "Iaith gartra, wedi ei phupro hefo amball i 'ddam,' aiff i lawr ora acw. Y cwbl sy arnat ti eisio ydi cychwyniad i hoelio sylw'r bobl, amball ergyd i'w cadw nhw'n effro yn y canol, a diweddglo i dynnu'r tŷ i lawr."

"Ergyd!" meddwn i, mewn syndod.

"'Does dim tebyg i ergyd i'w deffro nhw," ebr efo.

"'Ro'n i mewn drama yn y dre y noson o'r blaen – pry'n cael ei saethu'n gelain farw gorn ar ganol y llwyfan. Tynnu'r tŷ i lawr, was i!" . . .

. . . "Ond, Williams," awgrymais, "mae'r cast yn ymddangos i mi braidd yn unochrog – wyth o feibion a dim ond dwy ferch."

"Llawn digon, os nad gormod," ebr efo, yn codi ac ail-lenwi ei bibell cyn ymadael. "Trwbwl sydd i'w gael hefo nhw. Peth arall, 'chei di newid fawr ar wynab merch. 'Dydi fiw iti roi locsyn iddi, wrth gwrs; ac fel y gwyddost ti, locsyn sy'n tynnu mewn lle fel acw. Bydaet ti'n rhoi perwig a locsyn ar *goes picwarch a'i sticio ar ganol y llwyfan mi fyddai'n ddigon o ddrama i amball un. Wel, nos dawch, was i; 'does gen i ond diolch yn fawr iti. Mi alwa i yma at ddiwadd yr wsnos nesa." . . .*

. . . Treuliais yr wythnos gyntaf o'r pythefnos yn troi'r cymeriadau yn fy mhen a'u cynysgaeddu, bob un yn ôl ei ofynion, a rhinweddau neu ffaeleddau arbennig. Deuthum yn fuan i edrych arnynt fel hen gydnabod. Cyn diwedd yr wythnos yr oeddwn cyn hoffed o'r hen gwpwl a phe buasent daid a nain imi, yn ddwfn mewn cariad a'r ferch, yn edrych i fyny at y gweinidog, yn casau'r stiward, y cipar a'r beili, yn cydymdeimlo â'r mab afradlon a'r potsiar, ac yn teimlo'n agos dros ben at y tafarnwr.

Ddechrau'r ail wythnos, tybiais ei bod yn hwyr bryd i mi eu cysylltu â'i gilydd ar gyfer y llwyfan, ac yn ebrwydd daeth anawsterau ar fy ngwarthaf. Yr oeddynt yn gymeriadau hydrin ddigon cyhyd ag yr ymwnawn a hwynt bob yn un, ond o'r foment y cyflwynais hwy i'w gilydd daethant yn set o'r cymeriadau mwyaf ystyfnig a di-enaid ag y gallai dyn eu dychmygu. Yn fy myw ni fedrwn eu cael i siarad ac ymddwyn at ei gilydd yn naturiol . . .

. . . Yr oeddwn, erbyn hyn, wedi syrffedu ar y gorchwyl o lunio drama, ac un noson penderfynais grynhoi'r cyfan yn un olygfa, yn lle hanner dwsin fel y bwriedais ar y cyntaf . . .

. . . Felly, fin yr hwyr, cloais y drws a'i folltio, ac a chasineb yn fy nghalon a chadach llestri llaith o amgylch fy mhen, cymerais y cymeriadau anhywaith mewn llaw unwaith yn rhagor – ac am y tro olaf. Yr oedd ymhell yn y bore erbyn i mi gael trefn symol arnynt, ac wedi eu melltithio bob yn un ac yn un crynswth, tynnais y cyrten ar yr haflug, ac euthum i'r gwely i geisio ennyd o gysgu cyn i'r ceiliogod ddechrau clochdran . . .

Penderfynwyd dyfynnu rhannau o'r stori[1] am ddau reswm penodol. Yn gyntaf, mae cynnwys y stori yn sicr o fod yn nodweddiadol o fywyd a diwylliant pentref Berffro ar ddechrau'r ugeinfed ganrif ac, yn ail, cafodd cyfraniad nodedig W. J. Griffith i'r diwylliant hwnnw ddylanwad trwm ar fywydau dau berson arbennig – ewythr a'i nai, a'r ewythr yntau yn ei dro wedi dylanwadu ymhellach ar y llanc ifanc.

Pwy yn union oedd William John Griffith?

Gadewch i T. Rowland Hughes ein goleuo. Yn ei Ragair i 'Storïau'r Henllys Fawr' (Hydref 31, 1938), fel hyn y disgrifia y gŵr arbennig yma o'r Berffro:

> *. . . deallais mai hen lanc o ffermwr oedd yr awdur, yn byw mewn ffarm o'r enw Henllys Fawr yn Aberffraw, Môn. Nid oedd llawer y gellid ei ddywedyd amdano, ond ei fod, er yn fregus ei iechyd, yn amaethwr medrus ac yn ŵr a dreuliai lawer o'i hamdden yn paratoi difyrrwch ar gyfer cymdeithasau llenyddol yr ardal . . . yn oriau hamdden y gaeaf troi ati i godi cwmni drama. 'Rhys Lewis' oedd y ddrama a mynd arni y cyfnod hwnnw, a chai W. J. Griffith hwyl fawr yn actio Tomos Bartley. Cyn hir aeth ati ei hun i ysgrifennu dramâu, a chwaraewyd dwy ohonynt – 'Cyflogi Gwas' a 'Croesawu'r Gweinidog' – mewn llawer pentref yn y Gogledd. Ni chyhoeddodd yr un o'i ddramau, ac er bod ei ddireidi melys yn eu lliwio ar adegau, nid ydynt, o bell ffordd, mor ddifyr a'i storïau.*
>
> *Ym 1924, cynigiodd Y Genedl wobr am stori Nadolig, a gyrrodd W. J. Griffith 'Eos y Pentan' i'r gystadleuaeth. Hi oedd y stori orau o ddigon, a gwelodd Mr. Morgan Humphreys (y Golygydd ar y pryd) ar unwaith fod rhyw wreiddioldeb a medr anghyffredin yn y gŵr o Aberffraw. Anogodd ef i ysgrifennu ychwaneg o storïau . . .*
>
> *. . . yn ei storïau yr oedd W. J. Griffith ar ei orau . . . Cyhoeddwyd yr olaf yn rhifyn Nadolig Y Genedl, 1930 . . .*
>
> *Dyna W. J. Griffith – gŵr tawel, syml, a golwg dyn difrif iawn arno, ond fe wyddai pawb a'i hadwaenai y cuddiai'r difrifwch hwnnw ddonioldeb dihysbydd. Arferid darllen ei storïau yng nghymdeithas lenyddol Capel Aberffraw, a thorrai chwerthin y gynulleidfa ar eu traws bob gafael, nes cymryd o stori amser hir iawn i'w dweud . . .*
>
> *. . . Storïau . . . sydd yn agos iawn at fywyd, at y bywyd hwnnw a adwaenai'r awdur mor dda. Pentref bach fel Aberffraw a ddewisodd yn gefndir . . .*

Bu farw W. J. Griffith yn 56 mlwydd oed ar Hydref 7, 1931. 'Roedd ganddo un chwaer, a phriododd honno â'r Parch. R. Prys Owen, gweinidog Capel Moreia (M.C.), Llangefni – ffaith arwyddocaol yn ddiweddarach yn yr hanes.

Nid yw'n fwriad bod yn sentimental, ond ar Fedi 22, 1896, ganwyd Owen Williams i rieni cyffredin, tlawd – teulu nodweddiadol o'r cyfnod yn Berffro. Cafodd fagwraeth grefyddol a diwylliedig, a blasodd ragoriaethau cymdeithas y pentref a'r Capel ond, yn fwyaf arbennig, daeth dan ddylanwad gŵr Yr Henllys Fawr. Datblygodd fel adroddwr. Bu'n ffodus i gael treulio rhyw ddwy flynedd o addysg 'uwch' yn yr Ysgol Sir yng Nghaergybi cyn i brinder arian ei orfodi i adael a mynd allan i weini ffarmwrs yn yr ardal. Ar Chwefror 2, 1922, priododd â Margaret (Maggie) ac aethant i fyw i Tanyfynwent ym mhentref bach Llanfaelog rhyw bedair milltir o'r Berffro. Rhywdro ym 1929 cafodd swydd fel 'agent' i Gwmni Yswiriant *Prudential* a symudodd y ddau, gyda'u merch Eirlys, i dref Llangefni.

Yn fyr, dyna hanes bywyd cynnar yr ewythr. Ond pwy oedd ei nai? Pryd ddaeth o i'r stori?

Cafodd Edward (Ned) Williams ei eni yn Berffro ar Chwefror 24, 1906, yn un o ddau o blant. Cafodd fagwraeth debyg i'w ewythr ond, oherwydd tlodi difrifol, bu'n rhaid iddo symud i fyw yn ifanc iawn at ei daid a'i nain. Derbyniodd addysg sylfaenol yn ysgol y pentref, ac yno y bu hyd nes ymadael a mynd, fel ei ewythr o'i flaen, i weini ffarmwrs yn yr ardal. Pwy well nag Edward ei hun i'n hatgoffa o'r blynyddoedd cynnar hynny yn Berffro. Yn ei ysgrif, 'Tenant y Llofft Allan',[2] ceir portread byw o ddyheadau a phrofiadau a oedd i lywio bywyd bachgen ifanc i gyfeiriad stori'r gyfrol bresennol:

> . . . *Aiff hyn a ni yn ôl dros ddeng mlynedd a thrigain, pan oeddwn yn fachgen . . . yn disgwyl fy nhaid i ddod gartref wedi swpera ohono y ceffylau a'r gwartheg, – a dyna ddechrau cael blas ar fywyd fferm. Cyfnod y gannwyll, y lamp baraffin, lantern stabal, ac yn wir lamp oel oedd gan bobl ar ei beiciau. Pentref bach tawel ar gwr y lli, tlawd o bethau'r byd ond cyfoethog iawn ei ddoniau, tri phar o ddeuawdwyr, tri adroddwr penigamp, sawl unawdydd a*

chyfeilydd, heb son am Theatr Llofft y Capel a'r prif ddramodydd a'r actiwr W. J. Griffith, Yr Henllys Fawr . . .

. . . Beth am y trigolion? 'Roedd pedwar saer coed, tad a thri mab, dau ôf, dau grydd, dau deiliwr, dau weinidog ac un rheithor, ysgolfeistr a thri athro, dyn insiwrans, a phlismon wrth gwrs.

Ar wahan i ddau saer maen, gweision ffermydd oedd y gweddill . . .

. . . Cofiaf y dydd Gwener olaf, a minnau wedi troi fy nhair ar ddeg a hanner, y gloch yn canu am bum munud i naw . . . minnau wedi cyflogi ac i gychwyn fy nhymor fel gwas bach y bore Llun dilynol, i mi ddweud dan fy nannedd, "'Chani di ddim arna i eto'r c_ _ _ _ _ _ _, mi fydda i yn ddyn am hanner awr wedi tri pnawn 'ma, ac yn rhydd o'r jêl."

. . . Fy nhaid yn gweiddi ar ryw lipryn llwyd tenau, "Mae hi yn bump o'r gloch, 'ngwas i, ac mi fyddan' wrth y bwrdd brecwast, wsti, am chwech yn Bodfeurig . . . A'r nos Lun honno oedd y noson gyntaf i mi gysgu allan, a noson i'w chofio oedd honno . . .

Dyna fu bywyd Edward Williams am y deng mlynedd nesaf – symud o fferm i fferm yn chwilio am well bywoliaeth. Yn ystod ei oriau hamdden, ymddiddorai yn 'Y Pethe' ac yn niwylliant y pentref. Bu ganddo bedwar arwr yn ystod ei fywyd – W. J. Griffith, Y Parch. W. Llewelyn Lloyd, David Lloyd George (a'i ferch Megan yn ddiweddarach) a Syr Ifor Williams – bob un yn feistr ei lwyfan, a phob un yn 'arweinydd' ei faes. Cawsant i gyd ddylanwad ar Edward a rhoi cyfeiriad i'w fywyd.

Er ei fod eisoes wedi symud o'r Berffro yn fuan ar ôl priodi, gwyddys i Owen Williams a'i deulu symud i Langefni rhywdro ym 1929. Beth fu hanes ei nai? Fel hyn yr eglura Edward y digwyddiadau tua'r un amser ym 1929:[3]

. . . Gadael bro fy mebyd am y tro cyntaf erioed, cyn belled â Llangefni, a hynny fel be bawn yn mynd i'r America, at Mr. T. Smyrna Jones y Siop Ddafadd, perchennog y tir yr adeiladwyd arno y Bwrdd Marchnata Llaeth. Bûm gydag ef am ddwy flynedd nes iddo werthu'r tir. A dyna ddiwedd y

melfared, y clos a'r cetars, y jansi las a'r sgidiau hoelion mawr.

Do, ym 1929, fe newidiodd Owen ac Edward Williams lwyfan 'Theatr Llofft y Capel' yn Berffro am lwyfan ehangach 'Theatr Ysgoldy Moreia' yn Llangefni. Gwnaethant hyn yn hyderus ar derfyn cyfnod hir o brentisiaeth yng 'ngweithdy' gŵr Yr Henllys Fawr, gŵr y rhoddwyd teyrnged iddo gan E. Morgan Humphreys:

> *Amaethwr ydoedd . . . a'r ysgrifennwr stori gorau o ddigon yng Nghymru. Yr wyf yn barod i fyned ymhellach a dweud mai ef oedd y llenor llawnaf o hiwmor yng Nghymru a Lloegr pan ar ei orau. Hawdd cofio rhes o gymeriadau a digwyddiadau yn ei storiau, er mai'n anaml yr ymddangosent yn y papurau . . .*
>
> (*Daily Post*, Hydref 11, 1931)

Dyna ddiwedd ar y cychwyn.

1. *Storïau'r Henllys Fawr* W. J. Griffith (1875-1931).
   Gol. T. Rowland Hughes, Gwasg Aberystwyth 1938.
2. *Bro'r Eisteddfod 3 Ynys Môn*
   Gol. Yr Athro Bedwyr Lewis Jones a'r Dr. Derec Llwyd Morgan, Christopher Davies 1983, tud. 151-153.
3. ibid., tud. 156-157.

SEFYDLU

(1930 - 1939)

Sefydlwyd Urdd Gobaith Cymru ym 1922. Sylweddolodd Ifan ab Owen Edwards fod angen sicrhau dyfodol yr iaith Gymraeg a'i thraddodiadau ac y dylid ymddiried y dyfodol hwnnw i ddwylo pobl ifanc Cymru. Yn Llangefni, fel mewn llawer tref a phentref arall, dilynwyd ei esiampl gan yr amrywiol enwadau. Erbyn 1930, 'roedd cymdeithasau i bobl ifanc wedi eu sefydlu gan yr amrywiol enwadau gan gynnwys yr Eglwys Yng Nghymru. Trefnwyd cyfarfodydd rheolaidd i aelodau ifanc pob enwad yn ogystal ag un noson benodol bob blwyddyn i'r hon y gwahoddwyd yr enwadau eraill. Diddanu oedd prif nod y nosweithiau hyn a byddent yn amrywio o nosweithiau llawen i ddramâu – yn aml, gwahoddwyd cwmnïau o'r tir mawr i berfformio. Bodolai cymdeithas o'r fath ar gyfer pobl ifanc Capel Moreia.

Ym 1929, symudodd Owen Williams a'i deulu i fyw i Angorfa, Ffordd Glanhwfa, dafliad carreg o Gapel Moreia. Yn fuan wedyn, dilynwyd ef i Langefni gan ei nai Edward, a chafodd gartrefu gyda'i ewythr. Ymaelododd y tri ym Moreia. 'Doedd dim syndod yn hynny o gofio eu magwraeth, a bod gwraig y gweinidog yn chwaer i ŵr Yr Henllys Fawr. Ymddangosodd eu henwau yn Adroddiad blynyddol Moreia am 1930 fel aelodau am ran o'r flwyddyn yn unig. O gofio cysylltiadau Owen, Edward a Mrs. Prys Owen â'r Berffro, nid rhyfedd i Owen Williams gael ei benodi yn Gyfarwyddwr Cwmni Drama Moreia. Dyma ddechreuad Cwmni Drama Llangefni.

Aethpwyd ati i ddewis drama. Yn ystod mis Hydref 1930, trefnwyd ysgol ddrama yn y dref dan nawdd Pwyllgor Undeb

Neuaddau y Sir '. . . *i alluogi cwmnïau yn y Sir i ddysgu sut i ddewis ac actio drama . . . daw Cynan a Gwynfor yma am y ddau ddiwrnod cyntaf . . .*' (*Clorianydd*, Hydref 22, 1930). O gofio fod Cwmni Moreia i berfformio yn Neuadd y Dref ar nos Iau, Rhagfyr 11, tybed a fu'r ysgol ddrama o gymorth i Owen wneud ei ddewis, ynteu a fyddai dylanwad Yr Henllys Fawr yn parhau i lywio'i benderfyniad? Yn dilyn ei glasur *Antur y Ddrama*, tybed mai rhywbeth fel hyn fyddai cychwyn stori arall gan W. J. Griffith?:

DEWIS DRAMA

"Mi faswn i'n leicio i ti ddewis drama was i", ebr fy nghyfaill Williams, "ar gyfer ei pherfformio yn y dre 'cw cyn 'Dolig".

"Dewis drama", atebais innau, "a dim ond prin fis i fynd".

"Llawn digon, was i, mae 'na ddigon o ddonia tua'r capal 'cw. Cymera ddiwrnod neu ddau i ddewis ac i gastio, a mi fydd 'na ddigon o amsar ar ôl i'w dysgu".

"Pa fath o ddrama oeddet ti'n ddisgwyl gael?", gofynnais.

"O, un hefo digon o gymeriada a golygfeydd. Mi fasa cast go dda o ddynion a rhyw 'chydig o ferched yn mynd i lawr yn dda yn y lle 'cw. Cofia fod isio locsyn neu ddau, ac os fedri di ffeindio drama hefo ci ynddi, mantais fawr fyddai hynny. Ffeindio ci sydd a'i fryd ar fynd i actio ydy'r broblem. Gora'n byd os gei di afael ar gythral o gi aflonydd. Mi fasa un felly yn dod â'r tŷ i lawr".

"Ci", meddyliais, gan ddisgyn yn ddiymadferth i'r gadair freichiau.

Dewiswyd y ddrama *Jac Martin* (Parch. Tywi Jones) i'w pherfformio ar Ragfyr 11 yn Neuadd y Dref, a "*. . . honno wedi ei chynesu fel na fydd ofn ar neb gael annwyd . . .*". Sut hwyl gafwyd?:

. . . Y mae i'r ddrama hon gymaint a deunaw o olygfeydd – gormod o lawer iawn; a dyma a deimlid yn y perfformiad nos Iau – fod y llen yn mynd i lawr ac i fyny yn aml, a thrwy hynny amser yn cael ei golli wrth newid cymaint . . .

. . . Am yr actio, nid oedd yr un sal ymhlith yr ugain. Ymhob drama caiff ambell cymeriad gyfle i ddangos ei

ddawn, ac yma Jac oedd hwnnw. Gwnaeth ei waith yn wych o'r cychwyn i'r diwedd, heb fyned i actio neb arall na cheisio cuddio y ddawn o fod yn naturiol yn ei waith . . . nid oedd yr un annheilwng o'r cwmni.

Dywedodd rhywun wrthym yr wythnos cynt: "Ond tydi pobl ifanc Moreia yn mentro wrth fynd i'r Neuadd Drefol i actio?"

. . . Na, yr oedd y perfformiad nos Iau yn deilwng o unrhyw lwyfan o gofio ieuenged y dalent . . .

. . . Dan gyfarwyddyd Mr. Owen Williams, Angorfa, yr oedd y cwmni: ef, fel y gwyddis, yn adroddwr enwog, a chlod iddo am ei lafur. (*Clorianydd*, Rhagfyr 17, 1930)

Fe gofia Nest Roberts yn dda am un perfformiad. Chwaraewyd rhan Mari Martin gan Nest a rhan Matthew Martin gan Roland Williams, un o gymeridau direidus y dref. Mewn un olygfa, 'roedd Mari yn gorwedd ar y llwyfan mewn 'hysterics' gan gicio ei choesau a sgrechian. Plygodd Matthew drosti a dweud dan ei wynt, "Coda i fynny y datan ddiawl, 'rwyt ti wedi strancio digon 'rwan." Yn anffodus, fe'i clywyd gan bawb a methwyd â mynd ymlaen am amser o ganlyniad i chwerthin y gynulleidfa.

Diddorol, hefyd, yw'r drafferth a gafwyd gyda chi Mr. Withenshaw. Byddai'n rhaid ei nôl cyn bob perfformiad ac, fel arfer, T. D. Roberts fyddai'n gyfrifol amdano. Yn aml iawn, mi fyddai hi'n berfeddion nos ar T.D. yn mynd a fo yn ôl yn ddiogel. Wedi ei ddychwelyd byddai'n rhaid i T.D. gerdded dros ddwy filltir i'w gartref ei hun. Ni fu sôn am gi mewn drama wedyn. Perfformiwyd y ddrama mewn nifer o bentrefi ym Môn gan gynnwys Marian Glas, Rhosneigr, Amlwch, Llanbedrgoch, Bodedern a Llandegfan.

Ar gyfer tymor y gaeaf 1931-32, dewisiwyd y ddrama *Helynt a Heulwen* gan W. D. P. Jones. Fe'i perfformiwyd yn Neuadd y Dref, Llangefni, ar nos Iau, Rhagfyr 3, 1931:

Cafodd pobl ifanc Moreia hwyl anarferol y llynedd wrth actio 'Jac Martin' . . . nid oes yn hon a actiwyd nos Iau yr amrywiaeth a geid yn honno . . .

Cafwyd actio go dda gan yr oll . . . Yr oedd y Postman yn cael hwyl dda gyda'i ran. Hwyrach ei fod yn cael gormod o

'JAC MARTIN' – 1930
Cefn (sefyll) ch. i'r dde: Bob Roberts, R. Emrys Williams, William Jones, Arthur Owen, Edward Williams, Idwal Roberts, Cledwyn Shaw, T. D. Roberts, Moi Parry.
Ffrynt (eistedd): Owen Williams, Roland Williams, Nest M. Roberts, Kitty Hughes, Doris Roberts, J. Norman Jones, Nest Edwards (neu Gwennie Williams), Ceinwen Roberts, Marian Foulkes.
Ci Mr. Withenshaw. *(Gweler tudalen 21)*

hwyl ar adegau, . . . ond actiwr a medr ganddo yw hwn ac yn llwyr deilyngu rhan bwysig mewn unrhyw ddrama . . . A chymryd y cwmni drwodd a thro, gwell fuasai gennym ddiwyg dipyn yn fwy hen ffasiwn a'r 'make-up' yn llawer gwell . . . Mawr lwydd i'r cwmni i ddiddori tyrfaoedd, fel y gwnaethant gyda 'Jac Martin' dan gyfarwyddyd yr adroddwr enwog a hysbys, Mr. Owen Williams.

(*Clorianydd*, Rhagfyr 9, 1931)

. . . Yr oedd y stori'n cael ei datblygu'n gampus, y golygfeydd yn effeithiol, ar actwyr i gyd yn gwneud eu rhan yn dda . . . Nid rhyfedd fod cymaint galw am wasanaeth y cwmni hwn . . . (*Yr Herald Gymraeg*, Rhagfyr 8, 1931)

Ychydig ddyddiau cyn y Nadolig, fe'i perfformiwyd eto yn Llangaffo:

PERFFORMIR Y DDRAMA BOBLOGAIDD

"HELYNT A HEULWEN"

GAN

Gwmni Moriah M.C., Llangefni,

YN

Ysgoldy M.C. Bethania, Llangaffo,

NOS LUN, RHAGFYR 21, 1931.

Llywydd—A. R. PIERCE Ysw., Treferwydd.

Drysau yn agored am 6-30, Decheuir am 7.

TOCYN—1/-

Rhywdro ym 1931, cafodd Edward 'ddyrchafiad' i fod yn ddreifar lori i Hugh Hughes a'i Feibion, Sgwâr Bwcle, Llangefni, cyflenwyr nwyddau tŷ, fferm ac adeiladu. Rhoddodd heibio ". . . y melfared, y clos a'r cetars, y jansi las a'r sgidiau hoelion mawr" a chafodd 'overalls' yn eu lle.

Dyma ddywed Rodney Hughes[1] amdano:

> *. . . Yn fuan ar ôl cyrraedd y dref, cafodd Mr. Williams flas ar ddrama, eisteddfodau a chymdeithasau a dechreuodd geisio'i wella ei hun. Cymysgodd gyda bechgyn a fu mewn colegau i geisio hyrwyddo'i addysg . . .*

Mae'n wir iddo geisio gwella'i hun yn ddiwylliannol gydol ei fywyd, ond un o hogia' Berffro oedd o.

John Ellis Williams oedd cyfansoddwr dramâu mwyaf toreithiog Cymru yn ystod y 1930au a'r 1940au ac, yn wir, daeth yn un o feirniaid mwyaf blaenllaw ei gyfnod. Ar gyfer y gystadleuaeth actio drama yn Eisteddfod Gadeiriol Môn, Caergybi, 1932, dewiswyd un o'i ddramâu cyntaf, *Y Pwyllgorddyn*,[2] gan Gwmni Llangefni. Yn ei Ragair i'r ddrama, dyma beth ddywed yr awdur:

> *. . . Beth bynnag a ddaw o'r ymgyrch am Theatr Genedlaethol, neu Gwmni Teithiol Cenedlaethol, yr wyf fi yn dal i gredu'n gryf mai asgwrn cefn y mudiad drama yng Nghymru yw cwmnïau cymoedd ein gwlad. Ac er mai mewn theatr dref y rhoddwyd y perfformiad cyntaf o'r Pwyllgorddyn, y cwmnïau gwledig hyn oedd gennyf fwyaf mewn golwg pan ysgrifennwn hi.*

Gyda hyder cynyddol, aethpwyd ati i daclo sialens drama fwy diweddar. 'Roedd agwedd cymdeithas yn newid, a sylweddolwyd fod angen cyflwyno teip newydd o ddrama i ddenu cynulleidfa. Daeth dyddiau'r cast mawr, y locsyn a'r ergyd, i ben. Am y tro cyntaf cafodd y Cwmni flas ar gystadlu. Felly, gyda Gwynfor a Mr. T. Eames (Caergybi) yn beirniadu, perfformiwyd *Y Pwyllgorddyn* ym mhictiwrs yr Arcadia, Llangefni, yn niwedd Mawrth 1932. Am eu hymdrechion, cawsant ddwy wobr – Tlws y Ddraig (i'w chadw am flwyddyn) a'r gwahoddiad yma:

> *'Dowch acw, wir', meddai Mrs. G. Jones, Avondale Restaurant, wrth Gwmni Drama Moreia, . . . 'a mi wnai swper dan gamp ichi gyd'. Ac felly y bu – darpariaethau gwych, gwledd freiniol i'r cyfeillion ieuainc . . . Noson lawen iawn.* (*Clorianydd*, Ebrill 6,1932).

'Y PWYLLGORDDYN' – 1932
Cefn (sefyll) ch. i'r dde: J. Norman Jones, Edward Williams, R. R. Roberts, Idwal Roberts, Arthur Owen.
Ffrynt (eistedd): Willie Griffiths, Doris Roberts, Owen Williams (Cyfarwyddwr), Mrs. W. O. Jones, Kitty Hughes. *(Gweler tudalen 25)*

Bu tymor 1931-32 yn bur llwyddiannus i'r cwmni, ac aeth y cynhyrchydd ati i ddarparu ac i ddewis drama ar gyfer tymor 1932-33. 'Roeddynt yn amlwg wedi cael blas ar waith John Ellis Williams, a dewiswyd *Pen y Daith* ar gyfer y cynhyrchiad nesaf.Mae'n debyg fod arddull John Ellis yn apelio atynt. Yng ngeiriau'r awdur ei hun (Rhagair 'Y Pwyllgorddyn') "*Ysgrifennwyd y ddrama mewn tafodiaith ysgafn i'w gwneuthur yn ddealledig ymhob rhan o Gymru . . .*". Wrth gwrs, 'roedd rhaid dewis drama a fyddai'n addas ar gyfer y doniau a oedd ar gael iddo ar y pryd. Mae'n debygol fod penderfyniad Owen Williams i gynhyrchu *Pen y Daith* ym 1932-33 wedi dylanwadu llawer ar ei nai o gofio bod 'enwogrwydd' Cwmni Drama Llangefni wedi cyrraedd ei uchafbwynt gyda'r un ddrama yn ystod 1946-47.

Rhoddasant eu perfformiad cyntaf, nid yn Neuadd y Dref, Llangefni, yn ôl yr arfer, ond yn Neuadd Newydd, Llanerchymedd, ar nos Wener ym mis Rhagfyr, 1932. Dyna beth oedd mynd i'r ffau'r llewod yn go iawn – mynd i berfformio i un o ganolfannau drama enwocaf Môn ac, efallai, Cymru. Yng ngeiriau'r Sais 'roeddynt 'yn rhoi eu dyfodol ar y lein'. Beth fu'r ddedfryd?:

> *. . . Gellir yn ddibetrus roddi yr ansoddair'enwog' rhagllaw i'r cwmni hwn, a gellid dweud amdanynt . . . Daethant, gwelsant, a gorchfygasant. Credwn iddynt wneud cyfiawnder cyflawn â'r dramodydd . . . drwy roddi portread byw a naturiol o'r cymeriadau. Hawdd gweled fod rhai ohonynt yn neilltuol felly wedi colli eu hunaniaeth er dangos y cymeriad yn effeithiol a realistic.* (*Clorianydd*, Rhagfyr 14, 1932).

Yn ei ohebiaeth (*Clorianydd*, Rhagfyr 21,1932) dyma beth ddywed Myfyr Alaw am y perfformiad:

> *. . . Un wnaeth ei waith yn rhagorol oedd Bob Huws: o'r man cyntaf y daeth i'r llwyfan yr oedd yn naturiol chwareus, a hiwmor iach farddonol yn drawiadau byw ganddo; yn medru unioni camwri yn rhwydd a di-ymdrech . . . Wel, teimlo yr wyf na ellir drwy fanylu ond dweud mai 'tim' da, wedi dod ynghyd i chwarae drama ydyw . . . I fwynhau a sylweddoli gwerth y cwmni, gwahodder hwy i bob ardal ym Môn y tymor gaeaf yma . . . Yn Llanerchymedd y bu iddynt lwyfannu y ddrama hon gyntaf, a boddhawyd cynulliad o bobl fedr werthfawrogi drama dda . . .*

Cawsant lu o alwadau led-led yr ynys ac fe ddywedwyd am y cwmni, "*Er mai perfformio 'Pen y Daith' y mae Cwmni Drama Moreia, nid oes debyg i ben y daith yn eu hanes. Y maent ar grwydr parhaus yn diddori gwahanol rannau o'r ynys . . .*". Mae'n amlwg iddynt gael hwyl arni yng Nghemaes:

> *. . . Yr oedd disgwyl mawr amdanynt, a phrawf o hynny oedd y dyrfa fawr, ac ni chafodd neb ei siomi. Dyna oedd i'w glywed gan bawb wrth fynd allan – 'Chlywais i ddim byd gwell erioed'. Yr oeddwn wedi clywed dau berfformiad arall*

o'r ddrama hon, ond y noswaith yma cefais rywbeth yn y ddrama gan y cwmni hwn na chefais cynt . . .

(*Y Clorianydd*, Mawrth 8, 1933)

Dyma fu hanes y diddanu, ond beth am y cystadlu? Mae'n debyg fod cystadlu yn Eisteddfod Môn Caergybi ym 1932 wedi rhoi hwb i'r cwmni, a phenderfynwyd mynd gam ymhellach ym 1933 – nid yn unig i gystadlu yn Eisteddfod Môn Porthaethwy ym Mai, ond rhoi cynnig am y Genedlaethol yn Wrecsam fis Awst. Ar nos Wener, Mawrth 24, cynhaliwyd rhagbrawf ar gyfer y ddwy 'steddfod yn Neuadd y Dref, Llangefni, a gwnaethpwyd apêl arbennig ar gyfer y noson:

Rhag tarfu ar yr actio gofynnir i bawb fod yn eu seddau cyn i'r llen godi, a hyderwn yn fawr iawn na chaniateir i'r plant fynd i'r galeri. (*Clorianydd*, Mawrth 22, 1933).

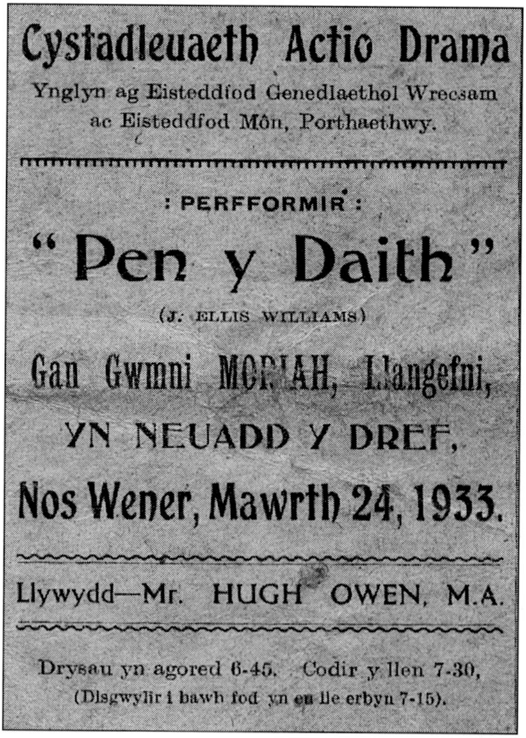

Cystadleuaeth Actio Drama

Ynglyn ag Eisteddfod Genedlaethol Wrecsam ac Eisteddfod Môn, Porthaethwy.

: PERFFORMIR :

"Pen y Daith"

(J. ELLIS WILLIAMS)

Gan Gwmni MORIAH, Llangefni,

YN NEUADD Y DREF,

Nos Wener, Mawrth 24, 1933.

Llywydd—Mr. HUGH OWEN, M.A.

Drysau yn agored 6-45. Codir y llen 7-30,

(Disgwylir i bawb fod yn eu lle erbyn 7-15).

Cymedrol fu llwyddiant y cwmni. Aethant ymlaen i'r prawf terfynol ym Mhorthaethwy, ond colli o 92 farc i 90 fu eu hanes yn ôl barn y beirniad, Gwynfor. Yr enillwyr oedd Cwmni Ardudwy, Blaenau Ffestiniog. 'Roedd yn ganlyniad pur foddhaol o ystyried fod Cwmni Ardudwy hefyd yn perfformio *Pen y Daith* gyda'r awdur ei hun yn cynhyrchu ac yn actio! Ynglŷn â'r Genedlaethol, ni chawsant fynd drwodd i'r prawf terfynol. Allan o'r deg cwmni a fu'n cystadlu, perfformiwyd *Pen y Daith* gan bump ohonynt.

Daeth tymor 1932-33 i ben, ac er na fu'r llwyddiant cystadleuol yn drawiadol, derbyniodd y cwmni glod mawr am eu perfformiadau o *Pen y Daith*. Ar ôl seibiant dros fisoedd yr haf, aethpwyd ati i ddewis ar gyfer y tymor nesaf. Penderfynwyd llwyfannu'r ddrama *Ffordd Sera Parri*. Ni ellir dweud ei bod yn ddrama o safon nac, ychwaith, y byddai'n apelio i'r cyhoedd yn gyffredinol. 'Roedd yn ddewis od a dweud y lleiaf. O edrych yn ôl, tybed a oedd Owen Williams erbyn hyn a'i fryd ar symud ac nad oedd yn or-awyddus i ddechrau drama newydd o safon? Pwy a ŵyr? Hyd y gwyddys, dim ond unwaith y perfformiwyd y ddrama hon a hynny yn Llangefni ar nos Wener, Mawrth 2, 1934. Am y tro cyntaf yn hanes y cwmni, cyfyngedig oedd y ganmoliaeth:

> *. . . Dywed rhai na ellir rhoddi y ddrama yn y dosbarth blaenaf o ran safon . . . Cafwyd actio da iawn gan yr oll o'r cymeriadau. Nid oes gennym ond ychydig iawn o sylwadau i'w gwneud heblaw eu canmol . . . Yr oedd y rhannau dwys yn rhagorol iawn . . . Cafwyd llawer o hwyl a chwerthin yn yr ail olygfa yn nhy Sera a Lias Parri . . . Yr oedd gan y cwmni olygfeydd rhagorol a'r . . . 'make-up' . . . yn dda.*
>
> (*Y Clorianydd*, Mawrth 7, 1934)

Tybed mai drama oedd hon fyddai'n fwy addas i gynulleidfaoedd Gogledd – Ddwyrain neu De Cymru yn hytrach nag i ardal amaethyddol fel Môn?

Yn Ebrill 1934, symydodd Owen Williams[3] o Langefni i Amlwch i ddilyn ei yrfa gyda'r *Prudential*. Erbyn hyn, yn ogystal a'u merch Eirlys, 'roedd ganddynt fab teirmlwydd oed, Elwyn.

Daeth i ben gyfnod llewyrchus yn hanes cynnar Cwmni Drama Llangefni a gwerthfawrogwyd ei gyfraniad gan bawb:

GWLEDD: Nos Fawrth, gwahoddodd Cwmni Drama Moreia eu cyfarwyddwr, Mr. Owen Williams, Angorfa, a Mrs. Williams a'r plant i gyfranogi o wledd a drefnwyd ym mwyty'r Avondale. Wedi'r wledd anrhegwyd Mr. Williams ag oriawr aur hardd gan y cwmni . . . byddai symudiad Mr. Williams a'r teulu i Amlwch yn golled fawr i'r dref . . . a chyfarchwyd ef a'r penillion hyn gan Rolant:

Nid yw'r anrheg fechan yma
Ond cysgod egwan iawn
O ddymuniad gorau'r hogiau,
Ac o ddiolch calon lawn.

Mae gan lafur well gwobrwyon,
A gwell cân i weithiwr mawr;
Ond mae calon plant Moreia'n
Fwy na'r anrheg hon yn awr.

Mae bendithion plant Moreia'n
Cau amdanoch fel y glaw,
Os yw anrheg fach yn werthfawr,
Y mae mwy mewn ysgwyd llaw.

Ac os dowch i dref Llangefni
Rhywbryd eto ar eich tro,
Llydan a fydd breichiau'r hogiau
A bydd croeso lond y fro.

Mynnwch godi Môn i'r entrych,
Mynnwch heulwen ar eich grudd;
Gwnewch eich rhan yn nramau'r aelwyd,
A chewch dyfu'n fawr rhyw ddydd.

(*Yr Herald Gymraeg*, Ebrill 24, 1934)

* * *

Yn ystod blynyddoedd cynnar y ganrif sefydlwyd ym Môn, ymysg amrywiol weithgareddau diwylliannol eraill, nifer o gwmnïau drama lleol. Eu nod oedd diddanu'r bobl. A'i drwy hap a damwain y digwyddodd hyn, ynteu oherwydd rhesymau fwy 'swyddogol'? Dipyn o'r ddau efallai? Yn Berffro, fel ym mhentrefi eraill yr ynys, y Capeli a'r Eglwysi fu prif ffynonellau'r gweithgareddau diwylliannol yma, ond 'roeddynt yn aml yn anaddas o ran adeiladaeth ac yn brin o adnoddau. Fel W. J. Griffith yn Berffro, 'roedd yn y pentrefi arweinwyr galluog, brwdfrydig a dylanwadol ond, oherwydd diffyg adnoddau, cyfyngedig fu eu darpariaethau.

Tua'r adeg y symudodd Owen Williams o Langefni ym 1934, fe ddigwyddodd llawer iawn o newidiadau cymdeithasol, newidiadau a gafodd gryn ddylanwad ar ddyfodol Cwmni Drama Llangefni.

Mewn erthygl perthnasol yng nghylchgrawn *Môn*,[4] ceir amlinelliad o'r cefndir gan J. O. Jones:

> *Yn ystod chwarter cyntaf y canrif hon cychwynnwyd ym Môn ddau fudiad cymdeithasol sy'n prysur adael eu dylanwad ar y bywyd gwledig, y naill yw Sefydliad y Merched a'r llall yw mudiad y Cyngor Gwlad. Gwelodd cychwynwyr y ddau fudiad hyn angen yr ardaloedd gwledig . . . Cyfyngodd y cyntaf ei weithgarwch i ferched a cheisiodd yr ail ddelio a chymdeithas fel uned . . .*
>
> *. . . Galwyd ail gyfarfod yn ystod y mis Mai canlynol (1919) a chytunwyd gydag unfrydedd i sefydlu mudiad a oedd i 'hyrwyddo a sefydlu Neuaddau Pentref a Chanolfannau Cymdeithasol a cheisio cyfarwyddyd arbenigwyr ynglŷn â hwy'. Enw'r mudiad oedd 'Undeb Neuaddau Môn' . . .*
>
> *. . . Ym 1920 sicrhawyd grant o £1,500 o gronfa'r "United Services" tuag at adeiladu neuaddau ym Môn . . . Gwelai'r arweinwyr cyntaf gyfle i ddefnyddio ystafelloedd y neuaddau ar gyfer dosbarthiadau min nos . . . lluniwyd rhaglen waith a oedd yn cynnwys darparu . . . gwyliau cerddorol, gweithgarwch ym myd y ddrama . . .*

. . . Gydag amser, gwelwyd ehangu'r gweithgareddau ac erbyn 1928 teimlai'r Pwyllgor Gwaith y dylid newid enw'r mudiad a'i alw yn 'Mudiad Neuaddau Môn a Chyngor Gwlad Môn' . . . ym Medi, 1939, mabwysiadwyd cyfansoddiad a'i amcanion yn llawer ehangach eto . . .

Yn ystod y cyfnod yma 'roedd gan Gwmni Drama Moreia gryn fantais ar lawer i gwmni arall ym Môn – 'roedd llwyfan ysgoldy Moreia'n bur eang ar gyfer perfformio drama ac 'roedd lle i dros ddau gant o bobl i eistedd.

Yn ogystal, cawsant gyfle cyson i berfformio ar lwyfan Neuadd y Dref o flaen cynulleidfa sylweddol a beirniadol. Ond o gofio ei fod yn gwmni teithiol mae'n sicr iddo orfod wynebu trafferthion yma ac acw wrth orfod addasu'r symudiadau a'r 'set' ar gyfer llwyfannau cyfyngedig y sir. Byddai'r fath amrywiaeth yn sicr o fod wedi effeithio'n ddifrifol ar yr amseru o dro i dro. Bu blynyddoedd cynnar y 1930au yn brofiad amhrisiadwy i Owen Williams a'i gwmni.

Gan mai Llangefni oedd canolfan weinyddol, busnes a marchnad y sir yno, y rhan amlaf, y cynhelid yr amrywiol ysgolion drama a pherfformiadau gan brif gwmnïau'r Gogledd a thu hwnt. Manteisiodd aelodau o'r cwmni ar y trefniadau a chawsant eu trwytho ym myd y ddrama. Ar nos Fercher, Chwefror 1, 1933, er enghraifft, trefnwyd dan nawdd Undeb Drama'r Gogledd "*. . . i'r actores Gymreig enwog, Miss Eirian Morgan, o Ysgol Ddrama Llundain, ddarlithio a'r 'Gelfyddyd Actio' yn Neuadd Ganol Ysgol y Sir, Llangefni . . . mynediad i mewn yn rhad . . . Dyma gyfle gwych i liaws aelodau Cwmniau Drama Môn dderbyn hyfforddiant buddiol gan un a gyfrifir yn feistres y gelf . . .*". (*Y Clorianydd*)

Wedi i Owen Williams symud, mae'n debyg fod cryn drafod wedi bod ynglŷn â dyfodol y cwmni drama, ond gan fod yr haf ar y trothwy ni wnaed dim hyd mis Hydref. Mewn cyfarfod yn y Neuadd Goffa, "*. . . awgrymwyd y priodoldeb o ffurfio cwmni drama yn y dref . . . Credwn fod yn Llangefni a'r cylch gystal deunydd cwmni ag unrhyw fan yng Nghymru*" (*Yr Herald Gymraeg*, Hydref 30, 1934). Penderfynwyd sefydlu cwmni a fyddai'n cynrychioli'r gwahanol enwadau a sefydliadau yn y dref gyda'r bwriad o "*. . . sefydlu perthynas iach rhwng dinasyddiaeth a chrefydd . . .*" (*Yr Herald Gymraeg*, Mawrth 5, 1935). Gelwid ef yn Gwmni Sefydliad Coffa Llangefni a rhoesant berfformiad o'r ddrama *Dirgel Ffyrdd* (Ieuan Griffiths) ar nos Wener, Mawrth 1, 1935. Ymysg y cast 'roedd dau aelod o Gwmni Drama Moreia sef Arthur Owen a Kitty Hughes. Priododd y ddau ar Orffennaf 30, 1937. Cafodd y cwmni hwyl arni a diolchwyd "*. . . i Mrs. Price am fod gyda'r piano pan oedd y gynulleidfa yn dod i fewn a hefyd ar y diwedd . . . Ar ôl cynhyrchiad mor rhagorol hyderir yr â y cwmni ymlaen o nerth i nerth. Bydd yn bleser gan y cwmni roddi eu gwasanaeth am delerau rhesymol iawn . . .*" (*Clorianydd*, Mawrth 6, 1935). Cyfarwyddwyr y cwmni oedd y Mri. W. St. John Williams, D. Taylor a'r Cyng. J. Fred Jones.

Er fod trafodaeth wedi cymryd lle yn ystod mis Medi 1935, gyda'r bwriad i gyflwyno *Hywel Harris* (Cynan) yn ystod tymor y gaeaf mae'n debygol na fu unrhyw ddatblygiadau pellach ac ni cheir rhagor o sôn am y cwmni.

Prin iawn fu'r datblygiadau ym myd y ddrama yn y dref rhwng diwedd 1935 a 1939. Mae'n wir fod cyfeiriadau wedi ymddangos yn y wasg o dro i dro am berfformiadau gan gwmnïau drama o'r tu allan i'r ynys (e.e. Cwmnïau Drama Llanllechid a'r Blaenau), ond cyfyngwyd y gweithgareddau lleol i nosweithiau adloniadol a sgetsus o dan nawdd yr amrywiol enwadau yn y dref. Am gyfnod o ryw bedair blynedd trowyd y cloc yn ôl, fel petai, i'r 1920au. Ceir cyfeiriadau at nosweithiau llawen ac ambell ddarlith, a daeth parti'r Eosiaid yn boblogaidd gyda'i 'gomedi – gerdd'.

Beth oedd hynt a helynt Edward Williams erbyn hyn?

Ar ôl i'w ewythr symud i fyw i Amlwch ym 1934, acth Edward i letya at dri o'i ffrindiau i'r Paragon. Mae'n debyg mai yno y trigai pan ddaeth Margaret Jane Williams a'i chwaer, Mary, i weithio fel morynion i Langefni o Lanerchymedd. Ymaelododd y ddwy ym Moreia ac yno, yn ôl pob tebyg y cyfarfu Maggie ag Edward. Priodwyd y ddau ym mis Mawrth 1937 gan y Parch. Thomas Hughes, nid yn Llanerchymedd, ond yng Nghapel Bryntwrog lle 'roedd ffrind mynwesol Edward, y Parch. W. Llewelyn Lloyd, yn weinidog. Cawsant le i fyw yn London House

– fflat yng nghanol y dref o eiddo cyflogwyr Edward, Hugh Hughes a'i Feibion.

Yno y ganwyd mab iddynt ym 1939. 'Does dim sôn am Edward fel actor ar ôl ei berfformiad yn y ddrama *Ffordd Sera Parri* ym Mawrth 1934, ond mae nifer o gyfeiriadau at ei ddawn fel arweinydd nosweithiau llawen a'i ymroddiad i weithgareddau llenyddol Cymdeithas Moreia.

Dewiswyd 1939 fel man cloi y bennod hon am ddau reswm – dechrau'r Ail Ryfel Byd a phenodiad J. O. Jones[5] fel ysgrifennydd rhan-amser Cyngor Gwlad Môn. Bu effaith y rhyfel ar gymdeithas yn anfesuradwy, ond bu apwyntiad J.O. yn dyngedfennol i ddyfodol y ddrama ym Môn. Dyma ddechrau cyfnod 'euraidd' Cwmni Drama Llangefni.

1. *Cymeriadau Gogledd Cymru* Rodney Hughes Tach. 1995. Cyhoeddwyd gan Olwen Hughes (ei wraig) tud. 52-54.
2. Gweler yr Atodiadau.
3. Symudodd gyda'i deulu i'w hen gartref yn Llanfaelog ym 1941. Er i'r teulu dreulio rhai blynyddoedd yn byw ym mhentref cyfagos Bryndu, dychwelyd unwaith eto fu eu hanes i Tanyfynwent ac yno y buont fyw weddill eu hoes. 'Does dim wedi ei gofnodi sy'n cadarnhau iddo gadw cysylltiad agos â Llangefni ar ôl 1934, ond gwyddys iddo dderbyn gwahoddiad i Lywyddu Gŵyl Ddrama gyntaf Môn ar Fawrth 20-21, 1942, "*. . . a gwnaeth ei waith yn rhagorol iawn. Ef oedd yn cyflwyno Wendy Hiller, yr actores enwog, a'i phriod y dramodydd adnabyddus Ronald Gow . . .*". Mae'n debyg iddo gael pleser mawr o weld Cwmni Llangefni yn ennill y Ddraig Arian unwaith eto.
4. *Môn* – rhifyn arbennig ar gyfer Eisteddfod Genedlaethol Môn 1957 'Twf Mudiad Gwirfoddol' – erthygl gan J. O. Jones tud. 34-37.
5. J. O. Jones, M.A., (Er Anrhydedd).
   Ysgrifennydd Cyngor Gwlad Môn 1939-1967.
   Ysgrifennydd Cymdeithas Gelfyddydau Gogledd Cymru 1967-75.
   Mae'n byw gyda'i briod ym Mhorthaethwy.
   Hyd heddiw cyfeirir ato gyda pharch ac edmygedd fel 'J. O. Cyngor Gwlad'.

CRWYDRO
(1940 - 1949)

Ar ddechrau ac yn ystod yr Ail Ryfel Byd rhoddwyd gorfodaeth filwrol ar nifer o fechgyn Llangefni i fynd i ymladd dros eu gwlad naill ai i'r fyddin, i'r llynges neu i'r llu awyr. O ganlyniad bu cryn chwalfa ar y gymdeithas leol ac, yn naturiol ddigon, effeithiwyd ar ei brwdfrydedd a'i hysbryd diwylliannol. Pan dderbyniwyd newyddion am farwolaeth un o fechgyn y dref, ysgytiwyd y trigolion i gyd. Ar Fai 24, 1941, suddwyd yr H.M.S. Hood gan y Bismarck a disgynnodd cwmwl dros y dref. Collwyd un o gymeriadau Llangefni ac aelod direidus o gwmni cyntaf Moreia, Roland Williams ('Roy Penlan'). Gadawodd trychinebau o'r fath greithiau erchyll ar y gymdeithas. Sut oedd modd i'r trigolion feddwl am ddramâu a nosweithiau llawen yn ystod cyfnod mor gythryblus?

Tra 'roedd Winston Churchill yn ceisio codi ysbryd Prydeinwyr o'i bencadlys rhywle yn Ne-Ddwyrain Lloegr, daeth J. O. Jones i godi hwyliau pobl Môn fel ysgrifennydd rhan-amser y Cyngor Gwlad. Ond pencadlys tra gwahanol oedd gan J. O.:

> *Gweithredwn i ar y pryd fel Swyddog rhan-amser, a thrwy garedigrwydd Pwyllgor Gwaith Undeb Gweithwyr Môn cefais loches i'r Cyngor yn ei swyddfa, yn adeiladau Glandŵr, Llangefni. Lawer tro, bu gweithio yno hyd oriau hwyr y nos, a chaed aml seiat ddiddorol a esgorodd ar gynlluniau llwyddiannus. Eithr ym 1945, trwy garedigrwydd Mr. R. G. Guest, llyfrwerthwr yn Llangefni, sicrhawyd un ystafell fechan uwchben ei siop, a phenodwyd Miss Myfanwy Owen, Ty'n Llwyn, Llangefni (Mrs Emrys Jarman, Caerdydd erbyn hyn) yn glerc rhan-amser. Yn wir, nid oedd gennym gymaint*

a bwrdd yn eiddo inni, ond llwyddwyd i ddodrefnu'r ystafell gyda bwrdd pymtheg swllt a hanner dwsin o gadeiriau a brynwyd am goron yr un . . . (*Môn*, Awst 1957, tud. 34).

Gan fod Sir Fôn yn ardal amaethyddol, cafodd nifer o'r dynion osgoi'r orfodaeth filwrol. Edrychwyd arnynt fel gweithwyr angenrheidiol ar gyfer cynhyrchu bwyd i'r 'hogia' dramor. Mae'n debyg fod Edward Williams, fel dreifar lori fyddai'n cludo nwyddau i ffermydd led-led Môn ac Arfon, yn un o'r rhai a esgusodwyd. Ond ar y llaw arall, bu'n rhaid i F. G. Fisher (athro mathemateg yn Ysgol Sir Llangefni) ymaelodi â'r llynges a threulio cryn amser yn amddiffyn Gwlad yr Iâ rhag ymosodiad milwrol. O hyn ymlaen bu cysylltiad cyson rhwng J. O. Jones, F. G. Fisher ac Edward Williams ym myd y ddrama ym Môn.

'Roedd apwyntiad J. O. yn dyngedfennol i ddatblygiad y ddrama yn y Sir.

Gyda'i frwdfrydedd, ei weledigaeth, a'i allu i gyfathrebu ac i drefnu, aeth ati i ail-gynnau'r diddordeb yn y ddrama. Ar bnawn a nos Sadyrnau yn ystod 1940 a 1941, dan nawdd y Cyngor Gwlad, cynhaliwyd cyfresi o ysgolion drama – yn Llangefni rhan amlaf – a gwahoddwyd dramodwyr amlycaf Cymru i annerch (e.e. Cynan; D. Haydn Davies). Er fod hyn yn ymddangos ar yr wyneb yn amherthnasol, gwahoddwyd Cwmni'r Old Vic i lwyfannu 'Macbeth' yn Neuadd y Dref yng nghanol Mawrth 1941. Cafwyd cynulliad da a phrofwyd gweledigaeth J. O. fod lle i'r ddrama Saesneg yn ogystal â'r ddrama Gymraeg ym Môn. Prin iawn oedd nifer y cwmnïau lleol ar y pryd, a chyfyngedig oedd eu cynyrchiadau. Yn ei ymdrech i ail-gynnau'r brwdfrydedd, trefnwyd nosweithiau drama. Yn nechrau Awst 1941, er enghraifft, trefnwyd noson o'r fath yn Llangefni:

> *Ceid cynulliad calonogol iawn yn y Neuadd Dref nos Iau, pan roes chwaraewyr Dosbarth Cynan . . . pedair drama un act . . . Yr oedd y noson dan nawdd y Cyngor Gwlad a'r ysgrifennydd . . . wedi trefnu'n dda. Nid rhaid dweud bod yr actio'n wych, a digon o hwyl yn y dramâu . . .*
>
> (*Clorianydd*, Awst 6).

Trwy gynnal ysgolion a nosweithiau drama, gobeithiai J. O. weld y pentrefi yn ail-gydio yn y tresi a mynd ati unwaith eto i lwyfannu eu dramâu eu hunain. I'r perwyl hwn, rhoddwyd cychwyn i gynllun o ymweld â'r cwmnïau gyda'r bwriad o'u cynorthwyo gyda'u cynyrchiadau. Ei nod? Rhoi cychwyn i Ŵyl Ddrama flynyddol ym Môn.

Gwireddwyd ei freuddwyd ym 1942 pan gynhaliwyd yr Ŵyl Ddrama gyntaf ar nosweithiau Gwener a Sadwrn, Mawrth 20 a 21, yn Neuadd y Dref, Llangefni. Amserwyd yr Ŵyl ar gyfer yr wythnos lawn olaf cyn wythnos y Pasg. 'Roedd hawl i gwmnïau'r Sir berfformio dramâu un act yn Gymraeg neu yn Saesneg, a gallent gystadlu mewn un o dri dosbarth – Agored, Merched a Ieuenctid. Penderfynwyd, fodd bynnag, na fyddai gwobrau ariannol i'w hennill. Cyflwynwyd Tlws y Ddraig, i'w dal am flwyddyn, i'r cwmni gorau yn yr Adran agored, a thlysau i adrannau'r Merched a'r Ieuenctid. Y bwriad oedd cael cwmnïau i berfformio er mwynhad yn hytrach nag am elw ariannol – ceisiwyd sicrhau cyd-bwysedd rhwng diddanu a chystadlu. Fe gofia J. O. yn dda am yr Ŵyl gyntaf hon:

> *Digon di-lun oedd y ddarpariaeth yn y Neuadd y pryd hynny ar gyfer cyflwyno drama – yn wir, nid oedd yno ond namyn un neu ddau o fylbiau trydan ar gyfer goleuo'r llwyfan . . . 'Roedd yno ryw lun o set . . . 'Roedd meddwl am drefnu deg perfformiad o ddramau un act yn anturiaeth . . . i griw o rai digon dibrofiad . . . Cawsom dair drama Saesneg bnawn dydd Gwener . . . pedwar perfformiad bnawn Sadwrn . . . Yn sesiwn yr hwyr, Sefydliad y Merched, Llangefni a dau arall o'r Gad, Bodffordd . . . yr oedd Llywydd gwahanol i bob sesiwn. 'Roedd y gwahoddedigion i sesiwn nos Sadwrn[1] yn enwog – neb llai na Wendy Hiller . . . a'i phriod Ronald Gow . . .*
>
> *Ceisiwyd gosod y safonau gorau posib i'r Ŵyl a chafwyd dau feirniad Cenedlaethol yn Haydn Davies, Caerdydd . . . a'r Prifardd Cynan.*
>
> (Erthygl gan J. O. Jones, *Herald Môn*, Mehefin 26, 1993).

Enillydd yr adran agored oedd Cwmni Cymraeg Sefydliad y Merched, Llangefni, yn cyflwyno *Yr Ymadawedig*. Y cynhyrch-

'YR YMADEWEDIG' – 1942
Cefn (sefyll) ch. i'r dde: Ifan Gruffydd, Edward Williams, T. C. Simpson, Enid M. Jones.
Ffrynt (eistedd): Nell Hodgkins, Menna Williams, Mrs. Prys Owen.
Llawr: Betty Howell.

ydd oedd Miss Menna Williams, athrawes Saesneg yn Ysgol Sir y dref. Erbyn heddiw, go brin y gwelid dynion yn rhan o weithgaredd swyddogol Sefydliad y Merched – ond ym 1942, gwelwyd tri ohonynt ymysg y cast sef Edward Williams, Ifan Gruffydd a T. C. Simpson. Mae'n debyg fod dau reswm am hyn – prinder o ddramâu addas i ferched yn Gymraeg, a'r ffaith ei bod yn gystadleuaeth 'agored', a chan mai hon oedd yr Ŵyl Ddrama gyntaf mae'n debyg mai rheolau eithaf pen-agored oedd yn bodoli gyda'r bwriad o geisio denu mwy o gwmnïau i gystadlu. Dyma'r tro cyntaf i Edward Williams ymddangos fel actor ers nifer o flynyddoedd.

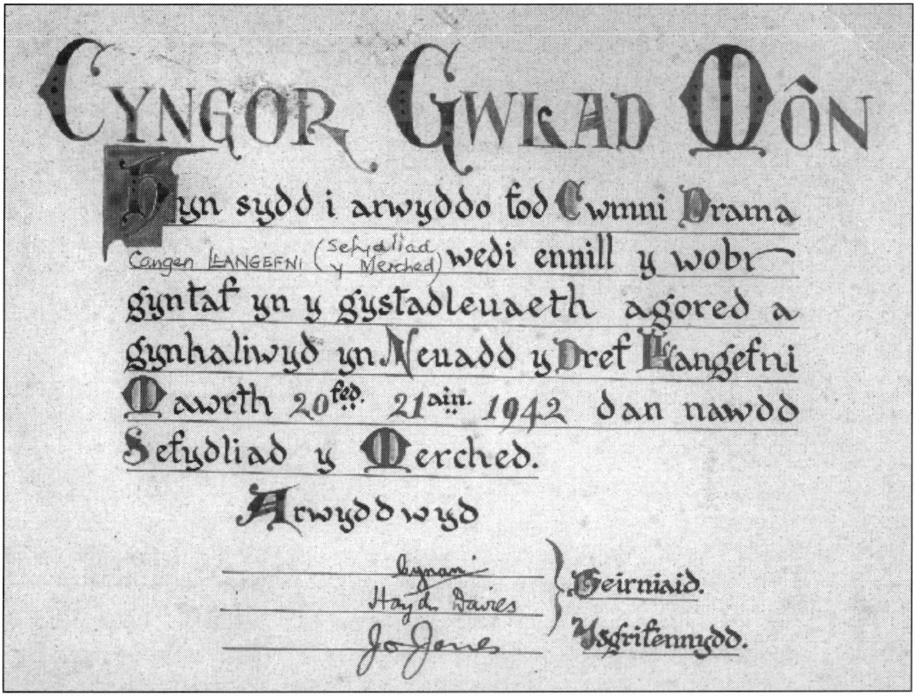

CYNGOR GWLAD MÔN

Hyn sydd i arwyddo fod Cwmni Drama Cangen LLANGEFNI (Sefydliad y Merched) wedi ennill y wobr gyntaf yn y gystadleuaeth agored a gynhaliwyd yn Neuadd y Dref Llangefni Mawrth 20fed. 21ain. 1942 dan nawdd Sefydliad y Merched.

Arwyddwyd

Cynan
Hayd. Davies } Beirniaid.
Jo Jones Ysgrifennydd.

Tystysgrif gwreiddiol 'Yr Ymadawedig'.

Yn ystod 1943, prin iawn fu cyfraniad Cwmni Llangefni i'r ddrama ym Môn. Mae'n wir i'r ail Ŵyl Ddrama gael ei hymestyn, a chafwyd pymtheg o gwmnïau yn cystadlu yn ystod nosweithiau Iau a Gwener, a phnawn a nos Sadwrn, Mawrth 25-27, gyda Cynan yn beirniadu. Enillwyd Tlws y Ddraig gan Gwmni Gad, Bodffordd. Am y tro cyntaf rhoddwyd cyfle i gyfansoddwyr gystadlu, a chafodd drama George Fisher, *Y Lleoedd Pell*, ei llwyfannu gan gwmni'r dref gyda gwraig yr awdur, Margaret Fisher, yn cynhyrchu.

Bu 1943 yn flwyddyn bur lwyddiannus i gwmnïau Môn. Er fod traddodiad y ddrama yn ymestyn yn ôl i ddechrau'r ganrif yn Rhoscefnhir[2] ac yn ddiweddarach ym Mhorthaethwy, gwelwyd y ddau gwmni ym mhrawf terfynol y ddrama un act yn Eisteddfod Genedlaethol Bangor, 1943. Yn ystod y flwyddyn, cynhaliwyd amrywiol ddarlithoedd, ysgolion min nos ar goluro, a pherfformiadau safonol. Yn ystod mis Medi, er enghraifft, cafwyd perfformiad o'r ddrama *Pobl yr Ymylon* gan y Cwmni Cenedlaethol yn Neuadd y Dref, Llangefni, a gwelwyd dau o Fôn ymysg y cast, Charles Williams (Bodffordd) ac Emrys Thomas (Y Fali).

Os mai prin fu gweithgareddau Cwmni Drama Llangefni gydol 1943, mae tystiolaeth o adfywiad yn ystod 1944. Gydag ychydig eithriadau, prin iawn fu symbyliad Eisteddfod Gadeiriol Môn i fyd y ddrama ers peth amser. Ond, rhag bod yn rhy llym, rhaid cadw mewn cof fod amgylchiadau'r Ail Ryfel Byd wedi gorfodi'r trefnwyr i'w chynnal fel eisteddfod flynyddol undydd yn unig yn Llangefni. Manteisiodd Cyngor Gwlad Môn ar ei gyfle. Yn dilyn yr Ŵyl Ddrama gyntaf ym 1942, gwahoddwyd unigolion i gyfansoddi, yn ogystal a chwmnïau i actio, o 1943 ymlaen. Ym Mawrth 1944, trefnwyd wythnos gyfan o chwarae drama un act ym Môn – nos Lun, Mawrth 20 hyd nos Sadwrn, Mawrth 25. Yn yr adran gyfansoddi dyfarnodd y beirniad, Mr. John Pierce (Marianglas), fod dwy ddrama i rannu'r wobr gyntaf a'u bod yn deilwng i'w perfformio yn ystod yr wythnos – *Gwewyr y Grog* (Mrs. W. E. Jones, Llanerchymedd) a'r *Y Blaidd Ddyn* (F. G. Fisher). Yn y feirniadaeth ceir awgrym fod agwedd pobl tuag at ddrama yn newid – ffaith a fyddai'n amlygu ei hunan fwyfwy yn ystod gweddill y ddegawd:

> *. . . diben a phwrpas yr Ŵyl Ddrama eleni yn arbennig, sef cynhyrchu a llwyfannu . . .*
>
> *. . . Mae yma ddrama – 'Y Blaidd Ddyn' – bur orffenedig ar y cyfan, er yn ddieithr iawn i'n byd drama Cymraeg ni. Hyd yn hyn, nid yw'r ddrama â rhyw bwysau mawr ynddi – drama medd yr awdur 'ar gyfer Aelwydydd' . . . mae yn y ddrama hon deyrnged i ddatblygiad gwrando cynulleidfaoedd drama Môn . . . Bydd y ddwy yma yn dra gwahanol o ran sylwedd a pherfformiad. Y mae ynddynt elfennau dieithr a newydd i'r llwyfan . . .* (*Clorianydd*, Mawrth 29, 1944).

Yn dilyn llwyddiant *Y Blaidd Ddyn* yn yr Ŵyl Ddrama ym mis Mawrth, penderfynwyd mynd ati i ddarparu'r cwmni ar gyfer

'Y BLAIDD DDYN' – 1944
ch. i'r dde: Eirwen Williams, Myfanwy Owen, Edwin Davies, Edward Williams, John R. Jones, Doris Davies-Jones, T. C. Simpson.
(Y dudalen gyferbyn)

cystadlu yn Eisteddfod Genedlaethol Llandybie yn nechrau Awst. Dyma'r tro cyntaf i gwmni drama'r dref gystadlu ar lefel Cenedlaethol ers i gwmni Owen Williams lwyfannu *Pen y Daith* ar gyfer Eisteddfod Genedlaethol Wrecsam ym 1933. I'w helpu gyda'r paratoadau gofynnwyd am gymorth Mr. Emyr Jones, cynhyrchydd profiadol a llwyddiannus gyda Chwmni Drama Rhoscefnhir.[3] Ac nid ofer fu'r ymdrech. Allan o'r pedwar cwmni ar ddeg a fu'n cystadlu, llwyddodd Llangefni i gyrraedd y prawf terfynol.

Dyfarnwyd yr ail wobr i Gwmni Llangefni gyda Peniel, Sir Gaerfyrddin yn gyntaf (*Ffrois*, D. T. Davies) a Cwmni Gwili yn drydydd (*Eiddo Pwy?*, Gwynfor). Rhoddwyd cryn hwb i'r ddrama ym Môn pan ddeallwyd mai Cwmni Llanerchymedd oedd yn y pedwerydd safle, o fewn tafliad carreg o gyrraedd y prawf terfynol gyda *Meistr y Tŷ*. Yn sicr ddigon, bu sylwadau Cynan[4] yn sbardun i'r holl gwmnïau:

> *. . . A bwrw trem dros y rhagbrofion yn gyffredinol, gellir dweud mai'r newid mwyaf trawiadol eleni yw'r gwelliant mawr o ran dillynder llwyfannu – mwy o barch i safon cystadleuaeth genedlaethol o ran décor a chelfi a gwisgo a goleuo . . . Eleni eto gwelais wneuthur rhyfeddodau mewn cyfaddasu llwyfan festri capel, a gwelais greu cefndir yr oesoedd canol allan o ddychymyg, cynildeb ac ychydig lenni syml . . .*
>
> *. . . Os buwyd yn manylu ar ddiffygion yn ogystal a rhagoriaethau ar derfyn pob perfformiad, y rheswm am hynny oedd fy mod yn parchu digon ar waith cwmnïau Cymru i sylweddoli mai er mwyn beirniadaeth y cystadleuent yn hytrach nag er mwyn gwobr.*
>
> *Yn wir, gwobr bennaf pob cwmni yn y gystadleuaeth hon fydd gwybod ei fod wedi gwneuthur ei ran i gadw'r Ddrama Gymraeg yn fyw ac yn iach er gwaethaf cyfyngiadau'r rhyfel. Pan ddaw'r hanesydd i sgrifennu pennod y blynyddoedd hyn yn natblygiad Mudiad Drama Cymru ceir gweled maint ein dyled i gwmnïau bach pentrefol fel y rhain, a gadwodd y celfyddyd ar gerdded trwy eu hymlyniad wrth y ddrama un-act.*

Bu geiriau Cynan yn sbardun i Gwmni Llangefni ac i Gwmni Llanerchymedd. Yn ystod 1944, bu cryn brysurdeb ym myd y ddrama ym Môn. Trefnodd y Cyngor Gwlad bedair Gŵyl Gylch a Gŵyl Sir yn parhau am wythnos; trefnwyd amrywiol ysgolion undydd dros y Sir (e.e. Penmon, Llanerchymedd, Llangristiolus, Caergybi), a chynhaliwyd gwersi coluro yn Llanerchymedd, Llangefni, Amlwch a Chaergybi. Yn Llangefni, ceisiwyd ail-afael yn y syniad o sefydlu Cymdeithas Ddrama. 'Doedd hwn ddim yn syniad newydd, ond cyfyngwyd ar ei ddatblygiad gan yr Ail Ryfel Byd. Erbyn 1944, teimlid mai sefydlu Cymdeithas Ddrama fyddai'r ffordd '. . . *i godi safon yr actio a'r cynhyrchu yn ogystal a chwaeth y gwrandawyr*'. Byddai Cymdeithas o'r fath yn debygol o roi cydnabyddiaeth gyfartal i'r ddrama Saesneg ac i'r ddrama Gymraeg. Yn sicr dyma feddylfryd F. G. Fisher. Yn ei absenoldeb, ceisiodd ei briod a'i ffrindiau gynnal a lledaenu'r meddylfryd hwn ymysg trigolion y dref a'i chyffiniau. Beth, tybed, oedd ymateb Edward Williams i'r syniad o ffurfio Cymdeithas Ddrama yn Llangefni? Amser a ddengys.

Yn sgil y ffaith ei fod fel cwmni wedi llwyddo ar lefel cenedlaethol, aethpwyd ati ar unwaith i baratoi ar gyfer tymor y gaeaf 1944-45. Llwyddodd Margaret Fisher i gael cymorth Mrs. Lowri Gwynfryn Evans i gyd-gynhyrchu â hi. Y tro yma penderfynwyd llwyfannu drama tair act. Yng nghystadleuaeth cyfansoddi drama hir Eisteddfod Genedlaethol Bangor ym 1943, mynegodd y beirniad, J. Kitchener Davies, ei fod:

> *. . . heb betruster yn dyfarnu mai 'Wedi'r Drin' gan 'Sawdwr' yw'r ddrama orau mewn cystadleuaeth siomedig. Yr wyf hefyd, a mwy o betruster, yn cyhoeddi y dylid ei gwobrwyo ag enw'r Eisteddfod Genedlaethol.*[5]

Yr awdur oedd John Ellis Williams, a dewiswyd ei ddrama gan Gwmni Llangefni. 'Roedd y dewis yn ymddangos yn dipyn o fenter, ond gan mai drama newydd ydoedd yn ogystal a bod yn gomedi, efallai y byddai'n dod a thipyn o lawenydd i bobl Môn mewn cyfnod anodd. Penderfynwyd mynd ati i hysbysebu ac i dderbyn galwadau i'w llwyfannu:

> *. . . Y mae Cwmni Drama'r dref yn paratoi i lwyfannu drama newydd John Ellis Williams 'Wedi'r Drin', a cheir hi ganddynt*

yn y Gaerwen nos Nadolig – ac mewn lleoedd llai pwysig wedyn! Miss Myfanwy Owen, Ty'n Llwyn, yw'r ysgrifennydd . . . (*Clorianydd*, Tachwedd 8, Llangefni).

Yn dilyn y perfformiad yn Neuadd y Dref, Caergybi, ar Ionawr 17, 1945, fel hyn y canodd un oedd wedi gweld a chlywed y ddrama yno:

Tra bo llewod y teyrnasoedd
Wrth eu bodd yn llarpio'n flin,
Ceir Gweledydd ym mhob heldrin
Wêl y bore 'Wedi'r Drin'.

Pan fo gobaith yn diffygio,
Ffydd yn mygu megis llin,
Gyrrwch at Myfanwy Owen-
Mynnwch glywed 'Wedi'r Drin'.

Os am neuadd lawn a hwyliau,
Pa fath bynnag fyddo'r hin,
Ceisiwch gwmni gwych Llangefni
I berfformio 'Wedi'r Drin'.

Pam y cyrchir dŵr dros afon,
Fel tae hwnnw'n well ei rin?
Rhoddwn bris ar ddoniau cartref
Felly y bydd hi 'Wedi'r Drin'.

(*Yr Herald Gymraeg*, Ionawr 30, 1945)

Ar nos Wener yn niwedd Ionawr 1945, gwyddys i'r cwmni berfformio'r ddrama ar eu tir eu hunain yn Neuadd y Dref:

. . . Yr oedd y Neuadd dan ei sang, a thystiai pawb na chafwyd cystal actio ers cryn amser yn y dre. Gellir dywedyd i'r holl gymeriadau wneud eu rhan yn gampus . . .
(*Yr Herald Gymraeg*, Ionawr 23, 1945)

Ym 1943, symudodd Edward Williams a'i deulu i fyw i dŷ Capel Moreia fel gofalwyr. Bu'n gyfnod pur drafferthus – er mwyn cynnal gwasanaethau'r Sul yn ogystal a nifer o gyfarfodydd wythnosol, 'roedd angen rhoi'r 'black outs' i fyny a'u tynnu i lawr yn aml, tasg enfawr o ystyried maint yr adeiladau. Yno y buont fyw hyd symud ym 1949 i dŷ cyngor yn y dref. Fodd bynnag, serch yr holl drafferthion, manteisiodd Edward ar y cyfle i'w ddiwyllio ei hun. Y dyddiau hynny, byddai Gweinidogion yn cyrraedd Tŷ Capel rhywdro nos Sadwrn a lletya yno hyd nos Sul neu fore Llun. Treuliodd Edward oriau yng nghwmni'r 'cewri'. Chwaraeodd y blynyddoedd hyn ran bwysig yn ei chwant am addysg ac am wybodaeth. O ganlyniad, magwyd ynddo hyder nid yn unig ym myd y ddrama, ond i siarad yn gyhoeddus ac i wella ei hun fel arweinydd nosweithiau llawen, cyngherddau ac eisteddfodau. Erbyn hyn, 'roedd wedi ei ddyrchafu'n rheolwr ar ran helaeth o fusnes Hugh Hughes a'i Feibion ('Siop Gray') – rhoddodd heibio ei 'overalls' fel dreifar lori a chafodd wisgo coler a thei am y tro cyntaf, ond cadwodd ei draed ar y ddaear. Daeth yn adnabyddus fel Ned Siop Gray.

Wedi ei ymddangosiad fel Syr Huw Price yn *Wedi'r Drin*, mentrodd i fyd cynhyrchu. Gan fod y bedwaredd Gŵyl Ddrama ar y trothwy, ychydig iawn o amser oedd yn weddill os oedd am gystadlu ynddi. Byddai'n rhaid dewis, castio, dysgu, ymarfer a pherffeithio o fewn prin dau fis. Daeth Charles ac Edward at ei gilydd a phenderfynwyd mynd ati i gyd-gynhyrchu. Penderfynwyd llwyfannu *Lluest y Bwci* ac aethpwyd ati ar unwaith gyda'r darpariaethau.

Chwech o gwmnïau fu'n cystadlu yn yr Adran Agored ym mis Mawrth a dyfarnwyd Tlws y Ddraig i Gwmni Llangefni.Yn dilyn y llwyddiant gellir yn hawdd ddychmygu'r trafod fu ynglŷn â'r posibilrwydd o fynd ymlaen i gystadlu yn yr Eisteddfod Genedlaethol yn Rhosllannerchrugog yn Awst. Penderfynwyd mynd ymlaen. Allan o'r deuddeg cwmni a fu'n cystadlu, dewiswyd cwmnïau Llangefni, Trefnant a Threherbert i fynd ymlaen i'r prawf terfynol. Yn eu sylwadau ar y rhagbrofion,[6] cafodd y ddau feirniad, Mary Lewis a John Gwilym Jones, gryn benbleth:

> *. . . Y cwestiwn a'n poenai fwyaf . . . ydoedd-beth yn union yr ydoedd gennym hawl i ddisgwyl ganddynt. A yw'n deg cymryd gwaith gorffenedig actorion a chynhyrchwyr wrth eu swydd fel safon? Ynteu, a oes yna safon arbennig actorion a*

'LLUEST Y BWCI' – 1945
Cefn (sefyll) ch. i'r dde: T. D. Roberts, Hywel Williams, Gwilym S. Roberts.
Ffrynt (eistedd): Edward Williams, Doris Davies-Jones (Cofweinydd),
Charles Williams. *(Gweler tudalen 45)*

chynhyrchwyr oriau hamdden y dylem wybod amdani a beirniadu wrth honno? Ynteu, cychwyn a ddylem â meddwl hollol agored, a gadael i'r cwmnïau osod eu safon eu hunain?

Y mae'r ffordd olaf yma, ar wahan i fod yn beryglus, yn gwbl amhosibl . . . peryglus am y gallai'r safon fod mor isel nes dwyn anfri ar yr Eisteddfod, a dyletswydd Eisteddfod yw magu safon a darganfod gweithiau a roddo urddas arni. Penderfynasom felly fod yn rhaid i'r cwmnïau gyrraedd safon arbennig . . .

Yn sgil beirniadaeth lem, 'roedd cyrraedd y prawf terfynol ynddo'i hun yn gamp. Dyfarnwyd Cwmni Treherbert yn gyntaf (*Gwaelod y Cwpan*, George Davies) a rhannwyd yr ail a'r drydedd wobr rhwng Llangefni a Threfnant (*Jane Wogan*,

Florence Howell). Gwerthfawrogwyd llwyddiant y cwmni yn y Wasg:

> . . . *Gwnaeth y cwmni yn rhagorol ac nid oedd gan y beirniaid . . . namyn canmoliaeth i'r holl gymeriadau . . .*
>
> (*Yr Herald Gymraeg*, Awst 13, 1945)

Yn ystod y bore bach ar Fai 7, 1945, daeth heddwch i Ewrop a dychwelodd yr 'hogia' i'w hardaloedd i geisio addasu i fywyd cymdeithasol normal ac i barhau â'u gyrfaoedd. Un ohonynt oedd Francis George Fisher. Dychwelodd at ei deulu i Langefni ac i'w swydd fel athro mathemateg yn Ysgol Sir y dref. Yn ei absenoldeb cydnabuwyd ei ddawn gyfansoddol yng Ngwyliau Drama Môn ac yn yr Eisteddfod Genedlaethol, a mawr fu'r ddyled i'w wraig, Margaret, am hyn. Cyfnod anodd iawn fu hwn i rai fel George Fisher. Bu'n rhaid iddo ail-sefydlu ei hun fel athro a thrwytho ei feddwl mewn mathemateg, mewn bywyd ysgol, bywyd cartref a theulu. Am weddill 1945, cyfyngedig fu ei gyfraniad i fyd y ddrama.

Wedi llwyddiant *Lluest y Bwci* ym mis Awst, ysbrydolwyd Edward Williams i feddwl am gynhyrchu drama hir am y tro cyntaf. Fel pob cynhyrchydd, byddai'n reidrwydd arno i gyplysu'r dewis â'r doniau oedd ar gael ar y pryd. Dewisodd *Pen y Daith*. Nid syndod hyn gan i'w ewythr, Owen Williams, ddewis yr un ddrama ar gyfer tymor 1932-33. Gan fod y cynhyrchiad hwnnw wedi bod yn aflwyddiannus ar lefel cenedlaethol, tybed i Edward Williams feddwl am fynd gam ymhellach gyda'r un ddrama ym 1946? Er fod tri o'r 'stalwarts' ar gael iddo o hyd, 'roedd to newydd o actorion wedi codi yn ystod y 1940au a neidiodd y cynhyrchydd ar y cyfle i sefydlu cwmni drama fyddai'n glod i'r dref ac i'r ynys. Aeth ati i gastio drama fyddai'n cael ei llwyfannu dros hanner cant o weithiau yn ystod 1946-47.

Un o'r actorion ifanc hynny oedd Myfanwy Jarman (Owen gynt) ac fe gofia'n dda am y darpariaethau:

> *". . . Ymarfer caled rhyw ddwywaith bob wythnos yn ystafell blaenoriaid Capel Moriah, ond symud i'r Festri pan oedd y ddrama yn 'dwad', gan farcio'r llawr â sialc i fesuriadau*

'PEN Y DAITH' – 1946

Cefn (sefyll) ch. i'r dde: Edward Hughes, Osborne Williams, Hywel Williams, Myfanwy Owen, R. Aethwy-Jones, Arthur Owen, Griffith J. Williams.

Ffrynt (eistedd): T. Charles Simpson, Nell Hodgkins, Edward Williams, Doris Davies-Jones, Maelgwyn Jones. *(Gweler tudalen 47) llwyfan Neuadd y Dref. Cawsom grwydro Cymru benbaladr, mynd i Lundain, ennill amryw waith mewn Gwyliau Drama . . ."*

Yn ystod Ionawr, 'roedd y cwmni eisoes ar ei daith. Gwyddys iddo berfformio yng Nghaergybi, Deiniolen ac, ar nos Wener, Chwefror 1, yn Llandrygarn:

> *. . . Ym myd y ddrama ym Môn nid rhaid i Gwmni Llangefni wrth lythyrau canmol. Buont yma nos Wener . . . a chaed actio gwych iawn.* (*Clorianydd*, Chwefror 6)

Dyma ddechrau blwyddyn nodedig iawn i'r cwmni. Fel arfer, Gŵyl Ddrama Môn fyddai nod cwmnïau'r ynys, ond erbyn 1946 gwelwyd adfer nifer o Ŵyliau Drama eraill yn y Gogledd gan ddechrau yng nghanol Mawrth yn Rhosgadfan:

> *. . . cafodd Cwmni Drama Llangefni . . . y blaen ar naw o gwmniau eraill. Perfformiasant 'Pen y Daith' . . . a chawsant eu gosod mewn dosbarth ar eu pen eu hunain gan y beirniad Miss Elspeth Evans, M.A. Y mae'r un cwmni wedi cyrraedd y prawf terfynol yng Ngŵyl Ddrama Môn . . . Hefyd yng nghystadleuaeth y ddrama un-act y mae cwmni Mr. F. G. Fisher . . . yn perfformio drama Mr. Fisher, 'Gwenwyn' . . .*

Mae'n amlwg mai nid y wobr ariannol oedd unig apêl Rhosgadfan:

> "*. . . Atgo' arall ydy mynd i berfformio yn gyson bob gaea' i Rhosgadfan a chael croeso bob amser a swper gwerth chweil o datws yn y popty hefo nionod a bacwn – 'run peth bob tro! . . .*" (Myfanwy Jarman)

Yr wythnos ddilynol cynhaliwyd pumed Gŵyl Ddrama Môn ac enillwyd Tlws y Ddraig gan Gwmni Llangefni. Yn ei feirniadaeth, dywedodd y beirniad, John Ellis Williams mai:

> *. . . Yr argraff gryfaf a adawodd yr ŵyl hon arnaf yw'r cynnydd mawr sydd wedi digwydd yn ystod y blynyddoedd diweddar yn y gelfyddyd o gynhyrchu drama . . . yn enwedig ym Môn . . .* (*Clorianydd*, Mawrth 27)

Erbyn heddiw, mae'n anodd amgyffred sut y gallasai'r actorion weithio'n llawn-amser yn ystod y dydd a chrwydro led-led y

Gogledd a'r Canolbarth gyda'r nos. O gofio safon y ffyrdd a moethusrwydd sylfaenol y ceir, yn enwedig yn ystod misoedd y gaeaf, rhaid ei chydnabod fel ymdrech lew ac ymroddiad di-flino i ddyfodol y ddrama amatur Gymraeg.

Dan nawdd y Maer a'r Cyngor Tref, ac arweiniad brwdfrydig y trefnydd a'r ysgrifennydd, W. Glyn Owen, cynhaliwyd Gŵyl Ddrama Pwllheli yn ystod wythnos Ebrill 8-13. Cynrychiolwyd siroedd Môn, Arfon a Meirionnydd gan y chwe chwmni fu'n cystadlu. Mewn cystadleuaeth dda, dyfarnodd Cynan y wobr gyntaf i Gwmni Llangefni (gweler gyferbyn).

'Roedd y cyfnod yma yn hanes y cwmni yn adlewyrchu cyd-bwysedd rhwng diddanu a chystadlu. Mae'n debyg fod yr actorion yn cael pleser mawr gyda'r naill a theimlo rhyw wefr anghyffredin gyda'r llall.

Rhwng Ebrill 29 a Mai 4, cynhaliwyd Gŵyl Ddrama ym Mhorthmadog gyda Dan Matthews yn beirniadu. Gan fod Cwmni Llangefni yn bwriadu cystadlu ar gyfer Eisteddfod Genedlaethol Aberpennar, defnyddiwyd y perfformiad yn yr Ŵyl fel rhagbrawf gyda D. Haydn Davies yn beirniadu.

'Roedd nos Sadwrn Mai 4, yn noson fythgofiadwy i'r cwmni. Dyfarnwyd y wobr gyntaf i Langefni '. . . *ar gyfrif eu cyd-chwarae grymus, heb yr un actiwr gwan*'. Yn ogystal, llwyddodd y cwmni i fynd ymlaen i ymddangos ym mhrawf terfynol Aberpennar ym mis Awst. Y Sul canlynol, anfonwyd llythyr diddorol at Edward Williams (gweler tudalennau 52 a 53).

Beth ddywedai'r postmon tybed pe gwyddai fod posibilrwydd iddo fod yn dosbarthu bwledi yn y dyfodol agos? Mae'n debyg mai ym Mhorthmadog y cyfarfu Edward Williams â Dan Matthews am y tro cyntaf, ond wedi'r Ŵyl datblygodd cyfeillgarwch agos rhyngddynt gyda'r ddrama Gymraeg yn ganolbwynt yr holl gyfathrebu. Byddent yn cymeradwyo neu gondemnio dramâu y naill wrth y llall, ac yn rhoi byd y ddrama a'i feirniaid yn eu lle.

Traddodiad cwmnïau drama amatur fel Llangefni fyddai cyfyngu eu perfformiadau i dymor y gaeaf yn unig – rhywdro rhwng diwedd Tachwedd hyd fis Mawrth neu Ebrill o'r flwyddyn ganlynol. Fodd bynnag,bu'n rhaid i gwmni Llangefni fynd yn groes i'r drefn yn ystod 1946-47.

Nos Lun Cwmni Llangefni yn cyflwyno "Pen Y Daith" (John Ellis Williams)- drama weddol rwydd, ond un a ddysgwyd yn drwyadl nes bod argyhoeddiad a llithrigrwydd trwy'r holl berfformiad. Apel y llwyfan i'r llygad yn bur dda, ond nid yn ddelfrydol. Felly hefyd y defnydd a wnaed o'r goleuadau. Y cynhyrchu yn glodforadwy - y grwpio, a'r ail-grwpio yn ddramatig ddeheuig, a'r symudiadau yn codi oddiar gymhellion credadwy a naturiol.

T Tempo'n rhagorol oddieithr lle'r oedodd Mari ar un entri. Cwmni wedi ei gastio'n ddymunol, pob part yn ffitio'r chwarewr fel maneg o ran ymddangosiad corfforol ac o ran oedran a thymheredd. Dim un passenger - actorion talentog yn y partiau unionsyth fel y partiau carictor, dawn comedi yn helaeth yn Ishmael a Sara. Y cyd-actio yn arddangos disgyblaeth a chyd-ddealltwriaeth tim. Fel un enghraifft o lawer, nodaf yr olygfa olaf un. Er gwyched oedd actio y fam orffwyll Mari yn yr olygfa hon- ac yr oedd yn wych - wrth agor y drws i'w phlentyn bach dychmygol Dafydd o'r oerfel a'i anfon ymlaen a'i dwylo a'i llygaid i ymdwymo wrth y tan, yr hyn a barodd i'r olygfa gyfan gydio ein calonnau oedd cyd-weithrediad gwych Sara a Bob gyda'r prif gymeriad. A hynny nid am eu bod ill dau yn ceisio'n hatgoffa eu bod hwythau yno hefyd ac yn actio trwy wneuthur llawer o bethau fussy a di-alw-am-danynt i ddangos eu cydymdeimlad a Mari, nes tynnu sylw'r gynulleidfa oddiwrth focus dramatig y prif gymeriad, ond yn hytrach trwy lonyddwch syml, intense, eu gwyliadwriaeth ar bob symudiad ganddi, fel na allai'r gynulleidfa lai na dilyn eu trem hwythau yr un mor intense ac i'r un focus- a dyfod trwy hynny yn ymwybodol o'r cwestiwn a ymwthiai yn raddol i'r golwg trwy henner-gwen dosturiol, ddwys, y ddau ar yr un a garent mor fawr "Ddaw hi'n well rywbryd"? Un enghraifft o lawer o gydweithrediad y cwmni hwn a golygfa olaf nad yw Pwllheli yn debyg o'i hanghofio yn fuan.

Felly am y rhesymau y ceisiais eu gwneuthur yn amlwg uchod, ac yn fy meirniadaethau ar lafar dyfarnaf y gwobrwyon fel a ganlyn yn yr Wyl Ddrama ddiddorol a llwyddiannus hon, sy'n glod i'r Trefnydd, Mr Glyn Owen, a'r noddwyr Maer a Chyngor Tref Pwllheli

1. Cwmni Llangefni.

2. Cwmni Port Dinorwic.

3. Cwmni Brynsiencyn.

Cynan.

Beirniadaeth Cynan.

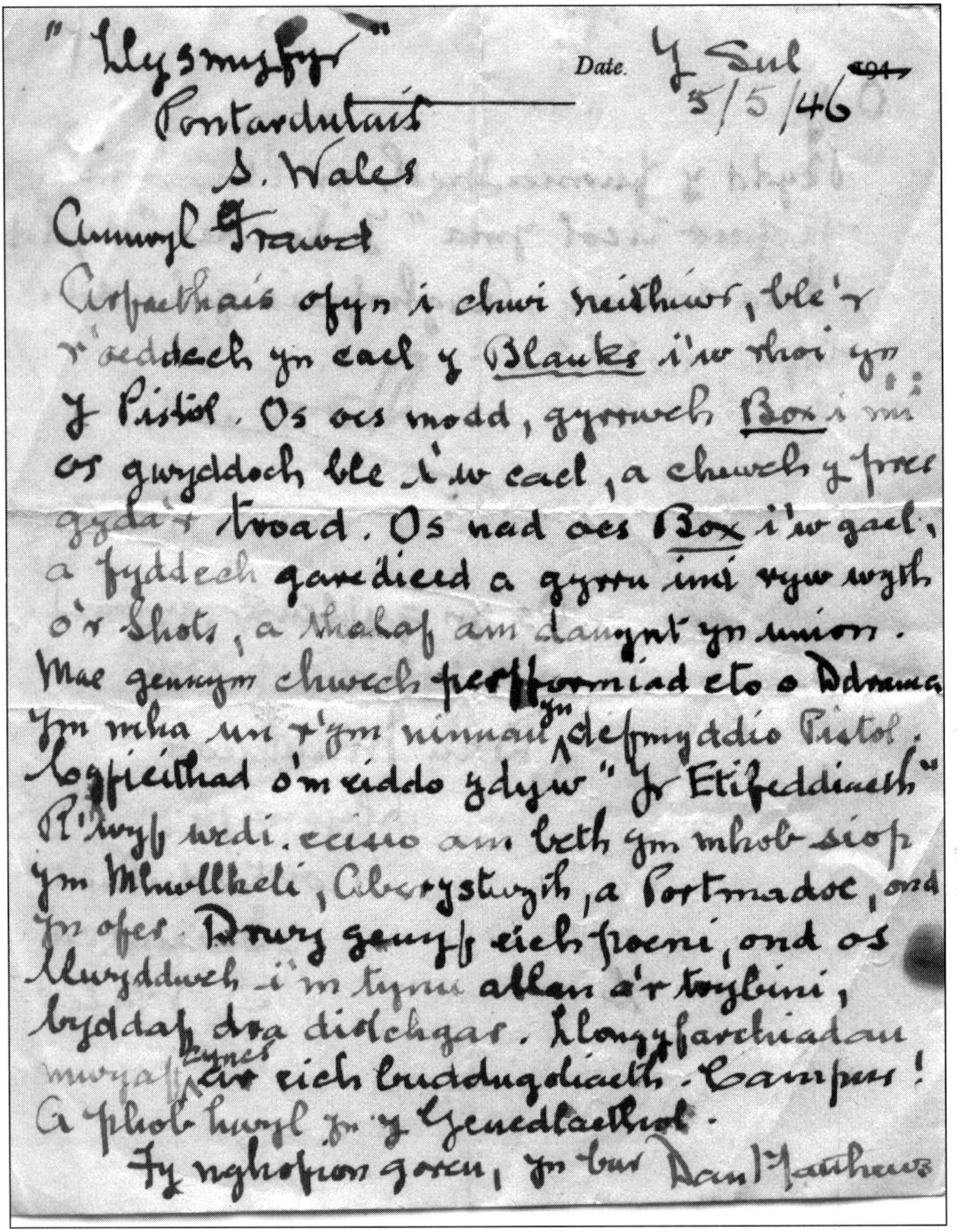

"Llysmyfyr"
Pontardulais
S. Wales

Date. Y Sul ~~194~~ 5/5/46

Annwyl Frawd

Arfaethais ofyn i chwi neithiwr, ble'r r'oeddech yn cael y Blanks i'w rhoi yn y Pistol. Os oes modd, gyrrwch Box i mi os gwyddoch ble i'w cael, a chewch y pres gyda'r troad. Os nad oes Box i'w gael, a fyddech garedig a gyrru imi ryw wyth o'r Shots, a thalaf am danynt yn union. Mae gennym chwech perfformiad eto o Ddrama yn mha un r'yn ninnau yn defnyddio Pistol. Cyfieithiad o'm eiddo ydyw "Yr Etifeddiaeth" R'wyf wedi ceisio am beth ym mhob siop yn Mhwllheli, Aberystwyth, a Portmadoc, ond yn ofer. Drwg gennyf eich poeni, ond os llwyddwch i'm tynnu allan o'r twyblini, byddaf dra diolchgar. Llongyfarchiadau mwyaf cynes ar eich buddugoliaeth. Campus! A phob hwyl yn y Genedlaethol.

Fy nghofion gorau, yn bur Dan Mathews

Llythyr Dan Mathews.

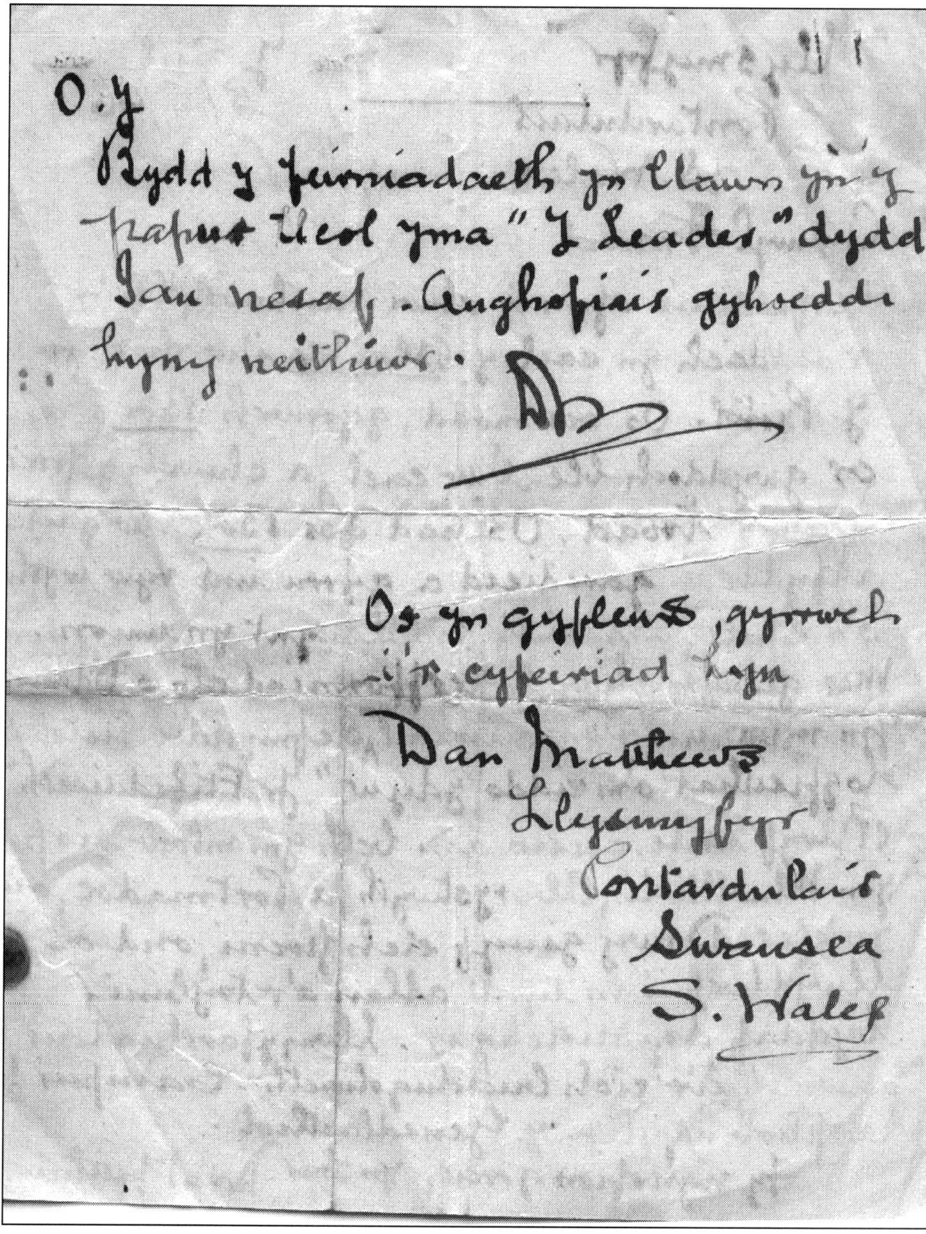

O.Y.

Bydd y feirniadaeth yn llawn yn y papur lleol yma "Y Leader" dydd Iau nesaf. Anghofiais gyhoeddi hyny neithiwr. D.M.

Os yn gyfleus, gyrrwch i'r cyfeiriad hyn

Dan Matthews

Llysmyfyr

Pontardulais

Swansea

S. Wales

Llythyr Dan Mathews (parhad).

Oherwydd galwadau lu yn ogystal â'r holl wyliau drama, ychydig iawn o seibiant gafwyd gydol 1946. Ymwelodd y cwmni â Bangor (Mai), Tanygrisiau a Llansannan (Mehefin) a Llangefni (Gorffennaf). Erbyn Hydref disgwylid iddynt fynd ati i ddarparu drama newydd ar gyfer tymor y gaeaf ond, na, parhau i lwyfannu *Pen y Daith* wnaeth y cwmni hyd nos Fawrth, Ebrill 7, 1947, yn Aberystwyth.

'Roedd dau reswm dros ymddangosiad y cwmni ar lwyfan Neuadd y Dref, Llangefni, ar nos Iau, Gorffennaf 25. Hwn fyddai perfformiad olaf y cwmni o flaen cynulleidfa feirniadol cyn teithio i Aberpennar ym mis Awst i wynebu sialens Cwmni Resolfen. Edrychwyd ar y perfformiad fel y 'final rehearsal'. Yn ail, disgwylid i neuadd orlawn sicrhau elw sylweddol i wynebu'r costau teithio uchel i'r De. Cafodd y cwmni ei ddymuniad ac fe aeth am Aberpennar gyda '. . . *dymuniad cywir pawb . . . Dywedodd Cynan a D. Haydn Davies fod y ddau gwmni yn wych, a bydd y gystadleuaeth o safon uchel . . .*' (*Clorianydd*, Awst 7, Llangefni). Cyn y prawf terfynol, derbyniodd Edward Williams gyfarchiad cynnes oddi wrth Gymdeithas Drama Resolfen (gweler tudalennau 55 a 56).

Mae'n sicr i'r cyfarchiad gael ei gydnabod gyda'r un ewyllys da.

Mewn cystadleuaeth dda, cipiwyd y wobr gyntaf gan Gwmni Resolfen gyda Llangefni yn ail am y drydedd blwyddyn yn olynol. Ar ddychweliad y cwmni i Langefni, bu'r ohebiaeth yn y Wasg yn galonogol:

> *. . . gwobrwywyd Cwmni Resolfen . . . yr oedd y gystadleuaeth o safon uchel iawn. Dywedodd D. Haydn Davies . . . bod y goleuadau gan gwmni Llangefni yn gyfryw na allai llwyfannau Llundain ragori arnynt.*
>
> *Hefyd, talodd deyrnged uchel i'r cwmni o Fôn am iddynt roddi sylw i fanylion, heb orlwytho'r llwyfan . . . Yr oedd Bob yn llwyfannwr rhagorol. Er na ddaeth y wobr i Fôn, bu gwaith Cwmni Drama Llangefni yn gredyd i'r sir . . . a'u gwobrwyon yn y gorffennol mewn gwyliau drama yn anrhydedd newydd i'r dref ym myd y ddrama . . .*
>
> (*Clorianydd*, Awst 14, Llangefni).

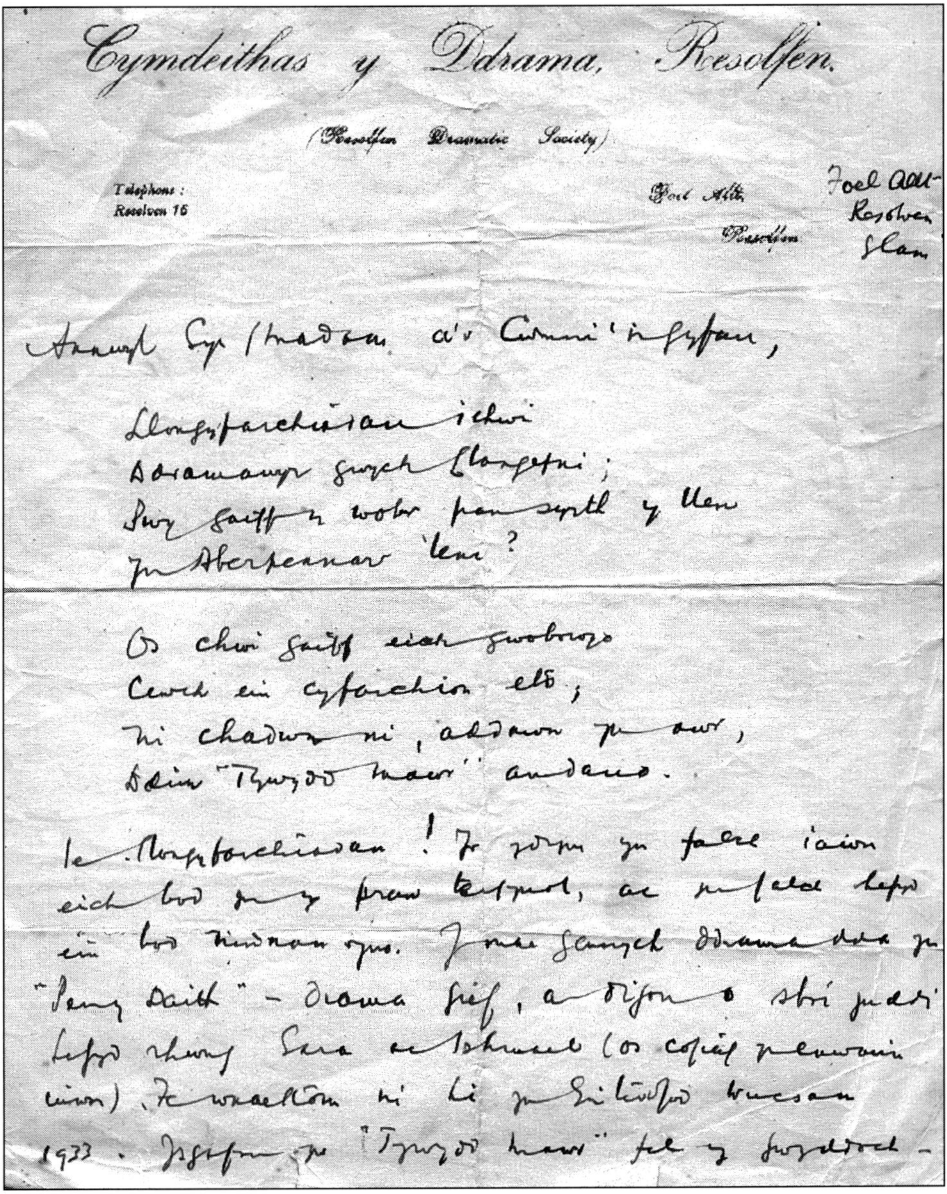

Cymdeithas y Ddrama, Resolfen.

(Resolfen Dramatic Society)

Telephone:
Resolven 16

Foel Allt,
Resolfen.

Foel Allt
Resolven
Glam

Annwyl Gyfeillion a'r Cwmni'n gyfan,

Llongyfarchiadau i chwi
Ddramawyr gwych Llangefni;
Pwy gaiff y wobr pan syrth y llen
yn Aberpennar 'leni?

Os chwi gaiff eich gwobrwyo
Cewch ein cyfarchion eto;
Ni chadwn ni, addawn yn awr,
Ddim "Twrdd mawr" amdano.

Ie. Llongyfarchiadau! Yr oeddwn yn falch iawn eich bod yn y prawf terfynol, ac yn falch hefyd ein bod ninnau yno. Y mae gennych ddrama dda yn "Pen y Daith" – drama gref, a digon o stŵr ynddi hefyd rhwng Sara ac Ishmael (os cofiaf yr enwau'n iawn). Fe wnaethom ni hi yn Eisteddfod Wrecsam 1933. Ysgrifennwyd "Twrdd mawr" fel y gwyddoch –

Llythyr Resolfen.

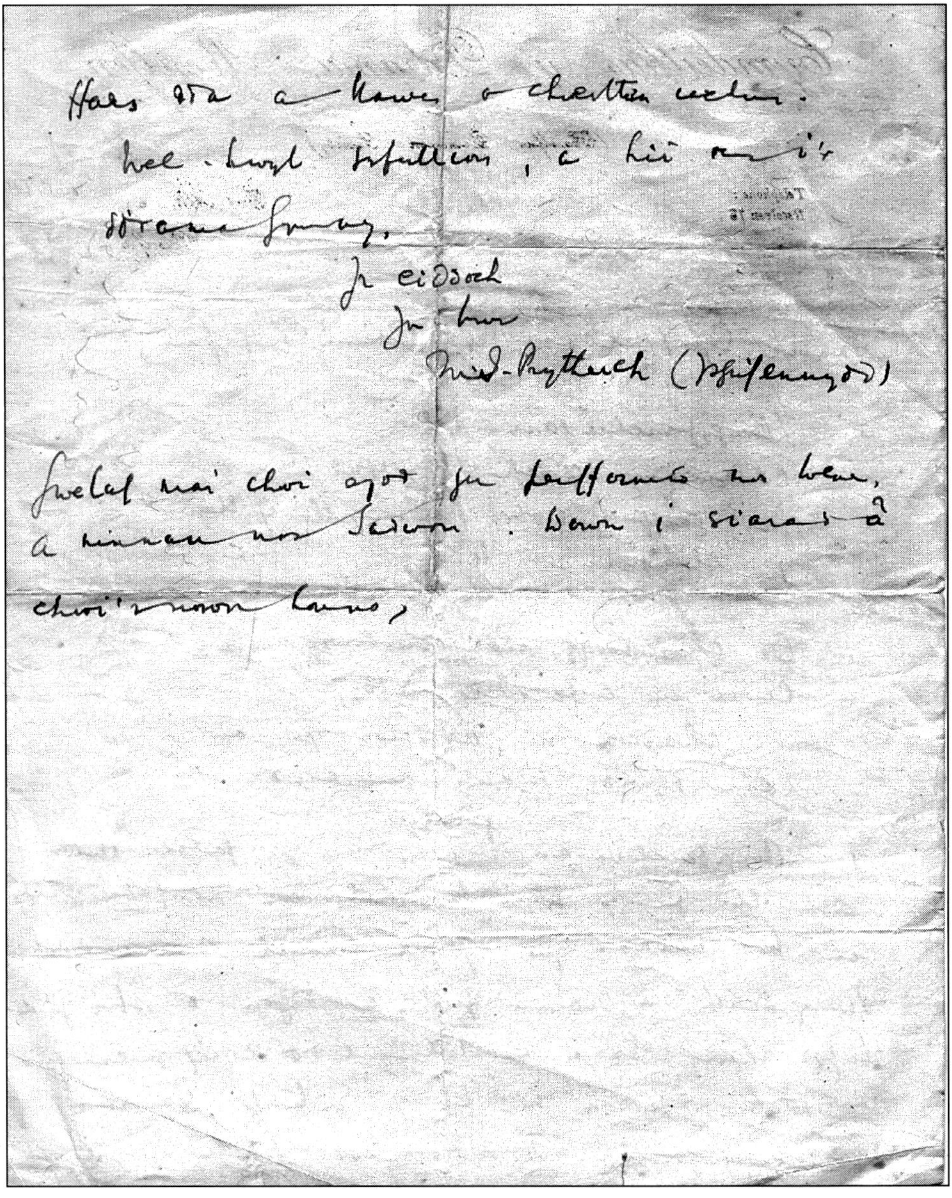
Hwyl dda a llawer o chwerthin uchel.
Wel - hwyl ddiffuant, a hir oes i'r
ddrama Gymraeg,
Yr eiddoch
Yn bur
Mid-Rhytherch (Ysgrifennydd)

Gwelaf mai chwi sydd yn perfformio nos Wener,
a ninnau nos Sadwrn. Down i siarad â
chwi'r noson honno,

Llythyr Resolfen (parhad).

RHAGLEN 3c.

Eisteddfod Genedlaethol Cymru

FY IAITH FY NGWLAD FY NGHENEDL

ABERPENNAR
Awst 5-10, 1946

COLISEUM - TRECYNON

Chwarae Drama

Nos Wener, Awst 9, 1946

Drysau'n agored am 6.30, i ddechrau am 7.

LLYWYDD: Y FONESIG CASSIE DAVIES, M.A.

Cystadleuaeth Derfynol y Ddrama Hir

Gwobrau . . £50, £25

BEIRNIAD: D. HAYDN DAVIES, YSW., B.A.

Traddodir y Feirniadaeth nos yfory.

SEDDAU . . 5/- 3/6 2/6

Gellir sicrhau seddau ar y ffôn—Llwydcoed 18—rhwng naw a deg y bore, ac ar gae'r Eisteddfod yn y prynhawn. Os na chymerir y seddau, a sicrhawyd ar y ffôn, cyn 6.45 p.m., yna gwerthir hwynt.

BYDD AELODAU CLWB CERDD A CHELF ABERDAR YN TREFNU RHAGLEN O GERDDORIAETH

Swyddogion y Pwyllgor Drama—

Cadeirydd—Y Parch. E. R. DENNIS, Trecynon.
Is-Gadeirydd—W. J. PHILLIPS, Ysw., Aberaman.
Ysgrifennydd—D. R. DAVIES, "Caerleon," Llwydcoed.
Prif Stiward—J. IVOR DAVIES, Ysw., Trecynon.
Goruchwylwyr y Llwyfan—Mri. E. T. ERASMUS a J. E. DAVIES

NOS YFORY..................CWMNI RESOLFEN—"Tywydd Mawr"

Y WASG DRYDAN, ABERDAR

Rhaglen Trecynon (Aberpennar).

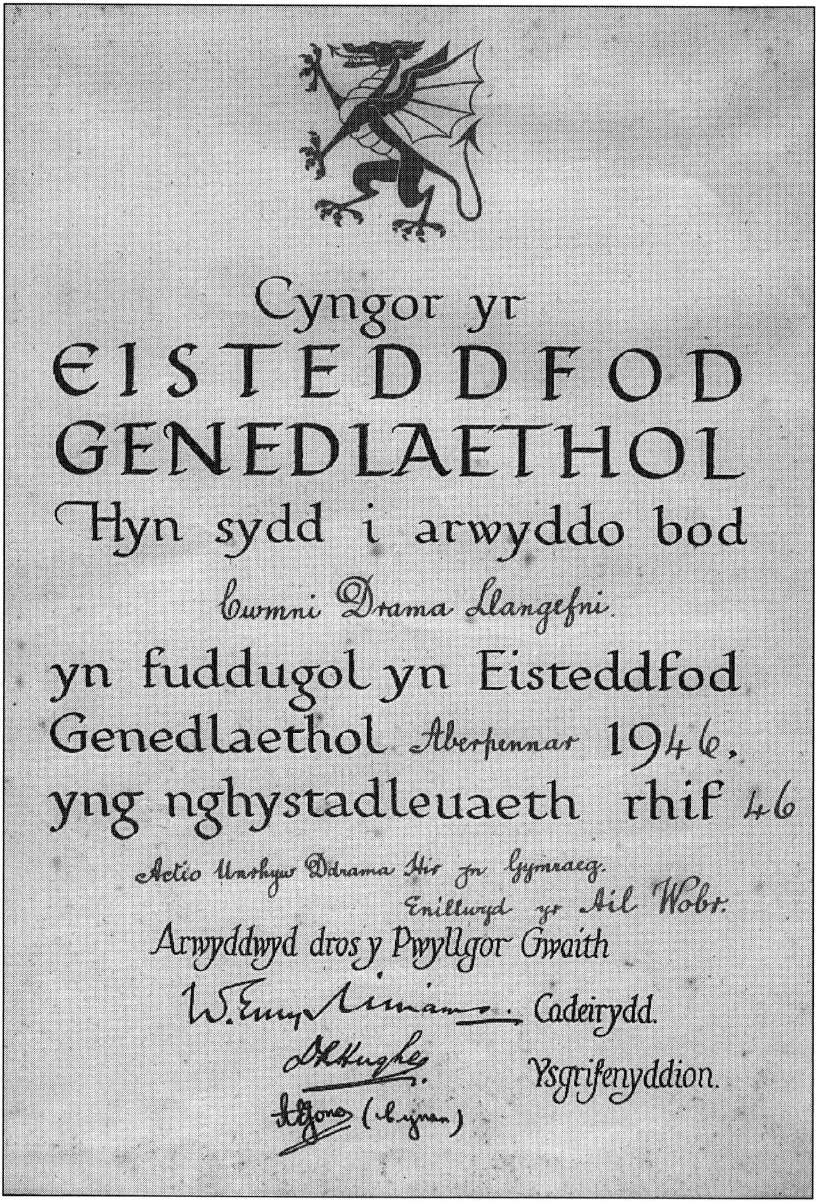
Cyngor yr
EISTEDDFOD
GENEDLAETHOL
Hyn sydd i arwyddo bod
Cwmni Drama Llangefni.
yn fuddugol yn Eisteddfod
Genedlaethol Aberpennar 1946,
yng nghystadleuaeth rhif 46
Actio Unrhyw Ddrama Hir yn Gymraeg.
Enillwyd yr Ail Wobr.
Arwyddwyd dros y Pwyllgor Gwaith
Cadeirydd.
Ysgrifenyddion.

Tystysgrif Aberpennar – yr Ail Wobr.

Yr un mor glodwiw oedd llythyr oddi wrth John Ellis Williams (gweler tudalennau 60 a 61).

Caiff sylwadau John Ellis Williams eu hategu mewn llythyr oddi wrth Myfanwy Jarman, dyddiedig Awst 19, 1999 – union 53 mlynedd wedi'r perfformiad yn y Coliseum yn Nhrecynon:

> *". . . Un atgo' sy' gen i ydy mynd i berfformio yn Eisteddfod Genedlaethol Aberpennar – gwn mai mewn hen adeilad anferth oedd y gystadleuaeth. Dau beth aeth o chwith – 'roedden ni wedi bod yn ymarfer mewn lle gweddol fach ac wedi gweu ein geiriau a'n symudiadau o fan i fan ar y lleoliad bach yna. Sioc oedd actio ar lwyfan mor fawr ac gorfod addasu ein symudiadau a'n deialog yn gyflym, heb sôn am wneud yn sicr ein bod yn glywadwy mewn lle mor fawr. Hefyd, yn ystod y ddrama 'roedd y gair 'iau' yn cael sylw yn aml gan Ishmael Ifans (T. C. Simpson). Wrth gwrs, 'afu' mae pobl y De yn ei ddweud ac ni chwerthodd neb drwy'r perfformiad – 'roedd deall 'iau' yn holl bwysig i'r jocs mewnol . . ."*

Er yr holl anogaeth, siomedigaeth fawr fu profiad Aberpennar, a gellir dychmygu maint yr ymdrech a'r penderfyniad oedd ei angen i ail-afael yn y ddrama ar gyfer yr holl alwadau oedd eto i'w cyflawni yn ystod tymor y gaeaf 1946-47. Wedi ychydig seibiant yn ystod hanner olaf Awst a dechrau Medi, 'roedd Neuadd y Dref, Machynlleth, yn disgwyl amdanynt ar nos Sadwrn, Medi 21, 1946. Yn sicr nid pen y daith fu Aberpennar.

Yn niwedd y 1930au penderfynodd nifer fechan o bobl Llangefni fynd ati i ffurfio Cymdeithas Ddrama yn y dref ond, oherwydd digwyddiadau 1939, rhyw drefniant dros-dro fu'r cyfan. Gan mai syniad gwreiddiol George Fisher oedd sefydlu Cymdeithas o'r fath, nid syndod iddo ail-afael yn y tresi unwaith y cafodd gyfle i setlo ac i addasu i fywyd 'normal' ar ôl y rhyfel. Yn ystod misoedd Medi a Hydref, 1946, cynhaliwyd nifer o gyfarfodydd yn y dref i geisio ffurfio Cymdeithas fwy parhaol. Er enghraifft, ar nos Wener, Hydref 11, yn Neuadd y Sir, cynhaliwyd cyfarfod agored i drigolion Llangefni oedd yn ymddiddori mewn drama gyda'r bwriad o '. . . *sicrhau dyfodol y*

Llys Fachno,
Blaenau Ffestiniog,
12.8.46.

Annwyl Gyfaill:

Gair i'ch llongyfarch yw hwn, nid i gydymdeimlo. Rhoisoch berfformiad rhagorol o "Pen y Daith" nos Wener, ac – ennill neu golli – mi gefais gennych ddehongliad cywir ei ysbryd a galluog ei gyflwyniad o'm drama. Ond cyn sôn am y perfformiad, dylwn egluro beth a ddigwyddodd ar ôl y perfformiad.

Gwyddoch mai'r peth olaf a ddywedais wrthych oedd fy mod yn mynd i gyrchu fy nghar; 'roedd yn hwyr braidd, ac mi wyddwn bod angen brys os oeddym am weld fy ffrindiau cyn deg o'r gloch. Pan euthum allan, 'roedd yn trasio bwrw, fel o grwc; ni fedrwn adael i Mrs. William a Men gerdded i Aberdâr trwy'r fath dywydd, paciais hwynt i'r car, a ffwrdd â ni. Credais, pe gyrrwn yn weddol gyflym, eu gollwng ilawr yn y llety, a brysio'n ôl i'ch codi chwi, y medrwn jyst gyrraedd Croes Bychan erbyn deg. Ond mwya'r brys, mwya'r rhwystr. 'Roedd y ffordd yn fflud o geir yn dod o'r Coliseum, cefais fy ngadw'n ôl, ac – yn waeth na(r cwbl – pan gyrhaeddais y llety, 'roedd olwyn yn fflat gennyf. 'Roedd yn bwrw gormod imi xxxxxxxx newid olwyn, a 'doedd dim i'w wneud ond mynd i'r gwely. Mi godais drannoeth, ac yn syth ar ol brecwast euthum â'r car i'w drwsio, a daethom i chwilio amdanoch yn yr Hostel. Cyrraedd fan honno tua 10.45. Chwilio amdanoch, neb o gwmpas, a chael allan wedyn mai nid yn yr Hostel yn Hirwaun yr oeddych, ond dair milltir i'ffwrdd ar y ffordd i Gastell Nedd. Mi ffoniais eich Hostel, bu'r ferch yn chwilio'r lle amdanoch chwi neu rywun o'r cwmni, ond nid oedd neb i mewn, ebe hi. Gadewais phone-message ichwi yno, ond ni wn a gawsoch ef.

Wel, sut 'rydych yn teimlo ar ol y dyfarniad? Fy nheimlad personol i, yn hollol onest, yw i bob un ohonoch – yn unigol – fod ar eich gorau yn y gystadleuaeth. Roeddych chwi yn bersonol yn bictiwr perffaith o'r hyn y dymunwn i Bob fod – yn wych. Yr un wedi gwella fwyaf, i'm tyb i, oedd Huw Owen. Roedd Dafydd yn dda iawn hefyd, a Mari yn rhagorol. Gwnaeth Wil a Jennie eu gwaith yn gampus, a chawsom ddau bortread dan gamp gan Ishmael a Sara. Nid gormodiaith yw hyn – roedd yr actio unigol yn agos iawn yn berffaith. Credaf fod y <u>pace</u> – y tempo – braidd yn araf, efallai oherwydd ymdrech pob un o'r cwmni i roddi ei orau (digwydd hyn yn gyffredin iawn mewn cystadleuaeth, fel pe bae pawb o'r cwmni yn cymryd mwy o ofal i baentio'i bart). Cafwyd cuddio ambell i <u>entrance</u> pan safai cymeriad wrth y lle tân pan ddeuai un arall i mewn o'r chwith, ac nid oedd Ishmael yn siwr iawn o'i linellau mewn dau le. Mi wyliais y perfformiad fel barcud, ond dyna'r holl feiau a fedrwn

Llythyr John Ellis Williams.

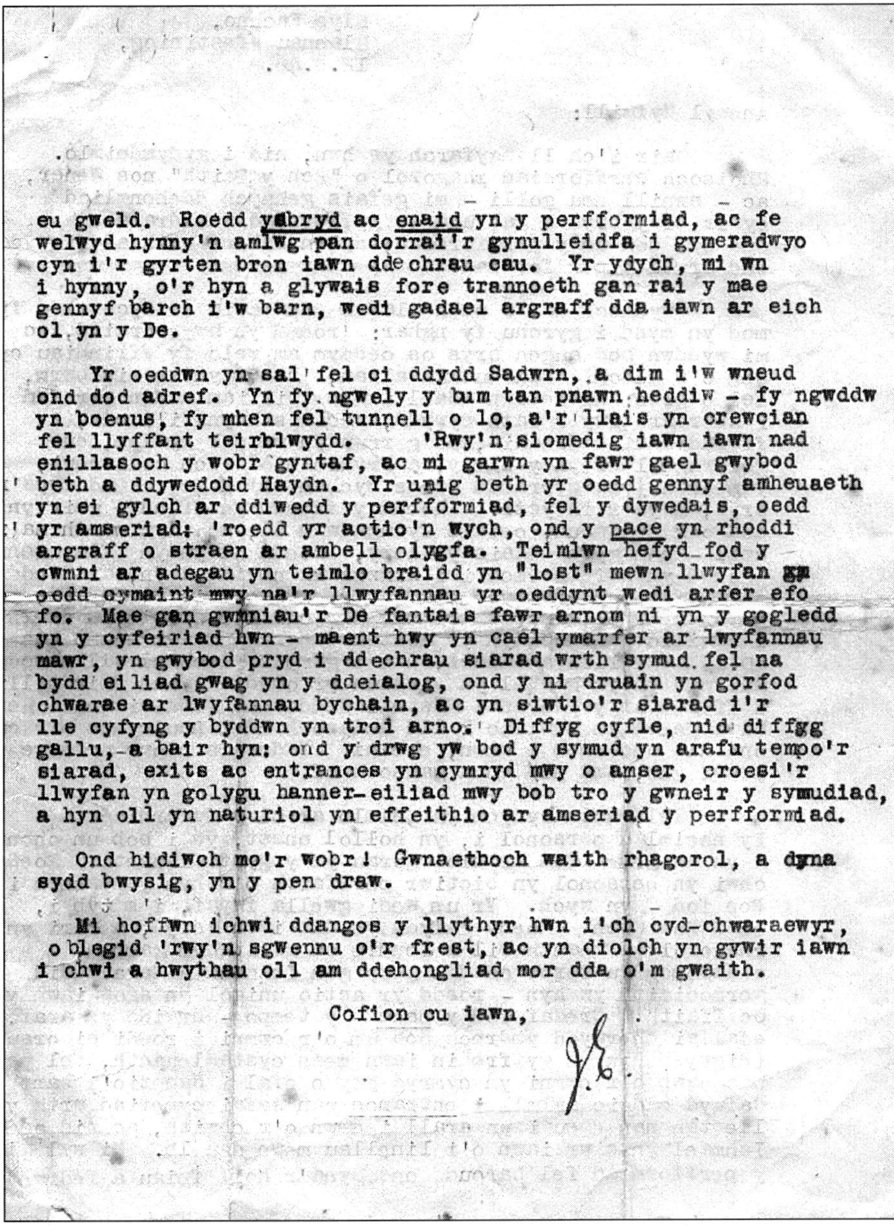
eu gweld. Roedd ysbryd ac enaid yn y perfformiad, ac fe welwyd hynny'n amlwg pan dorrai'r gynulleidfa i gymeradwyo cyn i'r gyrten bron iawn ddechrau cau. Yr ydych, mi wn i hynny, o'r hyn a glywais fore trannoeth gan rai y mae gennyf barch i'w barn, wedi gadael argraff dda iawn ar eich ol yn y De.

Yr oeddwn yn sal fel ci ddydd Sadwrn, a dim i'w wneud ond dod adref. Yn fy ngwely y bum tan pnawn heddiw – fy ngwddw yn boenus, fy mhen fel tunnell o lo, a'r llais yn crewcian fel llyffant teirblwydd. 'Rwy'n siomedig iawn iawn nad enillasoch y wobr gyntaf, ac mi garwn yn fawr gael gwybod beth a ddywedodd Haydn. Yr unig beth yr oedd gennyf amheuaeth yn ei gylch ar ddiwedd y perfformiad, fel y dywedais, oedd yr amseriad; 'roedd yr actio'n wych, ond y pace yn rhoddi argraff o straen ar ambell olygfa. Teimlwn hefyd fod y cwmni ar adegau yn teimlo braidd yn "lost" mewn llwyfan oedd cymaint mwy na'r llwyfannau yr oeddynt wedi arfer efo fo. Mae gan gwmniau'r De fantais fawr arnom ni yn y gogledd yn y cyfeiriad hwn – maent hwy yn cael ymarfer ar lwyfannau mawr, yn gwybod pryd i ddechrau siarad wrth symud fel na bydd eiliad gwag yn y ddeialog, ond y ni druain yn gorfod chwarae ar lwyfannau bychain, ac yn siwtio'r siarad i'r lle cyfyng y byddwn yn troi arno. Diffyg cyfle, nid diffyg gallu, a bair hyn: ond y drwg yw bod y symud yn arafu tempo'r siarad, exits ac entrances yn cymryd mwy o amser, croesi'r llwyfan yn golygu hanner-eiliad mwy bob tro y gwneir y symudiad, a hyn oll yn naturiol yn effeithio ar amseriad y perfformiad.

Ond hidiwch mo'r wobr! Gwnaethoch waith rhagorol, a dyna sydd bwysig, yn y pen draw.

Mi hoffwn ichwi ddangos y llythyr hwn i'ch cyd-chwaraewyr, oblegid 'rwy'n sgwennu o'r frest, ac yn diolch yn gywir iawn i chwi a hwythau oll am ddehongliad mor dda o'm gwaith.

Cofion cu iawn,

Llythyr John Ellis Williams (parhad).

gymdeithas'. Ond digon o waith fod Edward Williams yn y cyfarfod hwnnw.

Peth go brin oedd cael dau ddramodwr mor frwdfrydig yn byw yn yr un lle ar yr un pryd – un ohonynt yn arloeswr ac awdur, a'r llall yn actor a chynhyrchydd. Ond dau ŵr penderfynol a dildio oeddynt! O gofio eu cefndir a'r math o addysg a gawsant, go brin fod lle i gyfaddawdu. Yn ddiamheuaeth, 'roedd lle i'r ddau ym myd y ddrama yn Llangefni, ym Môn ac yng Nghymru y pryd hynny. Canolbwyntiodd George Fisher ar roi sylfaen gadarn i'r Gymdeithas Ddrama yn y dref tra bu Edward Williams a'i gwmni yn crwydro'r wlad yn diddanu ac yn cystadlu.

Mae hanesion a digwyddiadau doniol yn mynd llaw yn llaw a chwmnïau drama. Petai modd casglu storïau o'r fath at eu gilydd, gellid cynhyrchu cyfrol drwchus ohonynt. Cysylltir cwmnïau amatur â digwyddiadau nad oeddynt wedi eu cynnwys yn y sgript wreiddiol. Byddai'r fath ddigwyddiadau yn aml yn ychwanegu at ddoniolwch y sefyllfa a fwriedid gan yr awdur. Cawsai cynulleidfaoedd ac actorion bleser mawr o amgylchiadau cyffelyb – 'roedd angen addasu cyflym ar gyfer y fath 'drychinebau'. Fodd bynnag, yn ystod un perfformiad bu'n rhaid i Gwmni Llangefni addasu mewn ffordd bur wahanol. 'Roedd y cwmni i berfformio yn y Guild Hall, Caernarfon, ar nosweithiau Iau a Gwener, Hydref 31 a Tachwedd 1, 1946. Yn dilyn perfformiad llwyddiannus ar y noson gyntaf, edrychwyd ymlaen at berfformiad cyffelyb ar y nos Wener. 'Roedd Richard T. Jones, Benllech, yn fachgen yn ei arddegau cynnar ar y pryd ac edrychai ymlaen at gael gweld a chlywed y cwmni ar y nos Wener. Fe gofia'r noson yn dda:

> *Yn y dyddiau llwm ar ôl y rhyfel, 'roedd yna gryn fynd ar y ddrama Gymraeg. Wedi'r cwbwl, 'roedd hi'r unig ffurf ar adloniant byw Cymraeg a chwmni drama yn cael ei ffurfio yn y rhan fwyaf o drefydd, pentrefi a chapeli'r Gymru Gymraeg. 'Roeddwn ninnau hefyd bryd hynny wedi dechrau cymryd diddordeb yn y ddrama – 'doeddwn innau'n egin actor wedi cael rhan 'Dafydd yn Blentyn' yn y ddrama 'Dau Dylwyth' a oedd wedi ei dewis fel drama'r flwyddyn gan Gwmni Drama*

Beulah, Caernarfon. Un o bleserau mwyaf y dyddiau hynny oedd cael mynd i'r Guild Hall i weld cwmnïau dieithr yn dod yno i berfformio'u dramau – Pwllheli yn perfformio 'Machgen Gwyn I', Penmaenmawr efo 'Pobol yr Ymylon', Llannerch-ymedd efo 'Points', Capel Moriah efo 'Gwyliwch y Paent', Caersalem efo 'Ar y Groesffordd'.

Un Cwmni a oedd wedi magu cryn enw iddo'i hun oedd Cwmni Drama Llangefni, yn enwedig efo'r ddrama 'Pen y Daith' gan John Ellis Williams. 'R adeg hynny 'roedd yna nifer o Wyliau Drama yn cael eu cynnal drwy'r Gogledd – drama hir wahanol yn cael ei llwyfannu bob nos o'r wythnos a'r buddugol yn cael ei wobrwyo ar y nos Sadwrn. Yn 1946 'roedd yr un Cwmni yn dod yn fuddugol ymhob Gŵyl a Chwmni Llangefni oedd hwnnw. Felly pan gyhoeddwyd fod y Cwmni, ar gais Bwrdd Masnach y dref, yn dod i berfformio yn y Guild Hall ar nos Iau, 31 Hydref a nos Wener, 1 Tachwedd, 'roeddwn i wedi penderfynu y byddwn innau'n cael y cyfle i weld y Cwmni hwn yr oedd cymaint o sôn amdano.

Ar y nos Wener, 'roeddwn i yn eistedd yn y galeri yn y Guild Hall yn edrych ymlaen yn eiddgar. Gwn i mi fwynhau'r perfformiad ond nid am y cyflwyniad cymaint ag am ddigwyddiad arall. 'Roedd y neuadd yn gyfforddus lawn ar gynulleidfa yn barod i fwynhau'r noson. Daeth yr Act Gyntaf i ben ac yna daeth Mr. Hughes, Acre House, ymlaen i roi'r diolchiadau. Dechreuodd trwy ymddiheuro ond ei fod yn manteisio ar y cyfle yn yr egwyl rhwng yr Act Gyntaf a'r Ail gan y byddai'r Llywydd yn rhoi ei anerchiad yn yr egwyl nesaf. Prin yr oedd wedi dweud mwy na rhyw hanner dwsin o frawddegau nag y disgynnodd ar ei hyd ar y llawr. Daeth ebychiad o syndod o'r gynulleidfa a chythrodd tri dyn i'w godi a'i gario o'r golwg tu cefn i'r llenni. Daeth gwr arall ymlaen i egluro fod Mr. Hughes wedi ei daro'n wael ond y byddai'r noson yn mynd ymlaen fel arfer.

Daeth y ddrama i ben a phawb yn amlwg wedi mwynhau'r perfformiad. Yr hyn a ddisgwylid nesaf oedd i'r cwmni ymddangos ar y llwyfan i dderbyn cymeradwyaeth ac i bawb ganu 'Hen Wlad Fy Nhadau' cyn troi am adref. Ond nid felly y bu. Daeth gŵr ymlaen i gyhoeddi fod Mr. Hughes 'wedi ei alw adref'. 'Doedd y dywediad yn golygu fawr ddim i mi'n blentyn ac eto o glywed yr ochenaid o fraw a ddaeth o'r gynulleidfa, 'roeddwn i'n gallu sylweddoli fod rhywbeth go ddifrifol wedi digwydd. Eglurodd yr Arweinydd ymhellach fod y cwmni yn gwybod hyn ers dechrau'r ail act ond eu bod wedi cario ymlaen gystal ag y gallent rhag siomi'r gynulleidfa. Gofynnodd wedyn i'r gynulleidfa godi ar ei thraed a chanu, nid yr anthem genedlaethol, ond yr emyn angladdol 'O Fryniau Caersalem' – emyn hollol anghyfarwydd i blentyn.

A dyna'r digwyddiad wnaeth y noson honno yn un mor fyth-gofiadwy i mi. Clywed dywediad newydd am y tro cyntaf, gwrando ar gynulleidfa yn morio canu emyn sydd a ias o arswyd yn perthyn iddi a sylweddoli fod 'pen y daith' yn fwy nag enw drama.

Fe gofia aelod o'r cwmni fel y bu iddynt barhau â'r perfformiad gorau medrent er eu bod yn hollol ymwybodol fod corff yn gorwedd mewn ystafell gyfochrog â'r 'stafell newid. Yn sicr, y noson honno, cafodd Bob gryn drafferth i gloi'r perfformiad gydag addasiad yr awdur o gwpled R. Williams Parry:

Ba enaid ŵyr ben y daith . . . ?
Boed . . . anwybod . . . yn obaith.
(*Yr Haf a Cherddi Eraill*, argraffiad cyntaf 1924, Gwasg y Bala, tud. 92)

Beth oedd y farn gyffredinol am y ddau berfformiad? Yn y Wasg, dilynwyd teyrnged i Mr. Isaac M. Hughes gyda'r adroddiad yma:

The audience that packed the Guild Hall, Caernarvon, on Thursday and Friday, were evidence of the enthusiasm with which this drama was looked forward to. We had all heard a great deal about the performers, the Llangefni Company. By now, their name is known throughout North and South Wales . . . We knew all about that. What we did not really know then was how excellent they are, and how natural is their acting.

GUILD HALL, CAERNARVON.

Perfformir y DDRAMA adnabyddus

"PEN Y DAITH"

gan

Cwmni Enwog Llangefni

Nos Iau, Hydref 31ain, 1946.

Cadeirydd: Y MAER, Cynghorydd R. A. JONES

DRYSAU YN AGORED 6.30 I DDECHREU 7 o'r gloch

Yr Elw at achosion teyrngarol.

TOCYN 1/6 (GALLERY) 2/6 a 3/6.

Herbert Thorman, Argraffwr, 42, Stryd Fangor, Caernarfon

GUILD HALL, CAERNARVON.

Perfformir y DDRAMA adnabyddus

"PEN Y DAITH"

gan

Cwmni Enwog Llangefni

Nos Wener, Tachwedd 1af, 1946.

Cadeirydd: EMYR P. THOMAS, Esq, Caernarvon

DRYSAU YN AGORED 6.30 I DDECHREU 7 o'r gloch

Yr Elw at achosion teyrngarol.

TOCYN 1/6 - 2/6 a 3/6

Herbert Thorman, Argraffwr, 42, Stryd Fangor, Caernarfon

Tocynnau 'Pen y Daith' – Caernarfon.

They held sway over us both evenings; they had us roaring with laughter, then in tears . . . The entire cast were, of course, magnificent, each one perfect in his or her own part. Great credit is also due to the producer, Mr. Edward Williams, the make-up artist (and artist indeed he is) Mr. G. J. Williams, and the electrician, who effected perfect lighting effects, Mr. Osborne Williams.

(*Caernarvon & Denbigh Herald*, Friday, November 8, 1946)

Derbyniodd y cwmni wahoddiad i ymddangos yn Neuadd Cymry Llundain ar nos Iau, Tachwedd 7. Llundain!

'Roedd teithio i fannau fel Machynlleth, Aberystwyth ac Aber-pennar yn gryn sialens – ond teithio i Lundain! Byddai hynny fel teithio i ben draw'r byd o Sir Fôn. Ond mynd fu'n rhaid, a llwyddiant fu'r fenter:

. . . Cyrhaeddwyd y Brifddinas erbyn hanner dydd, ddydd Iau, ac yr oedd pryd o fwyd blasus yn eu disgwyl. Yr oedd y neuadd yn orlawn o Gymry Llundain, a chafodd y cwmni hwyl anghyffredin ar yr actio, a chymeradwyaeth fyddarol ar y terfyn. Diolchodd Mr. Edward Williams, cynhyrchydd medrus y cwmni, am y derbyniad cynnes a gawsant . . . Bore dydd Gwener, bu Mr. Williams dros y cwmni yn gosod blodeudorch hardd ar y Cenotaph . . .

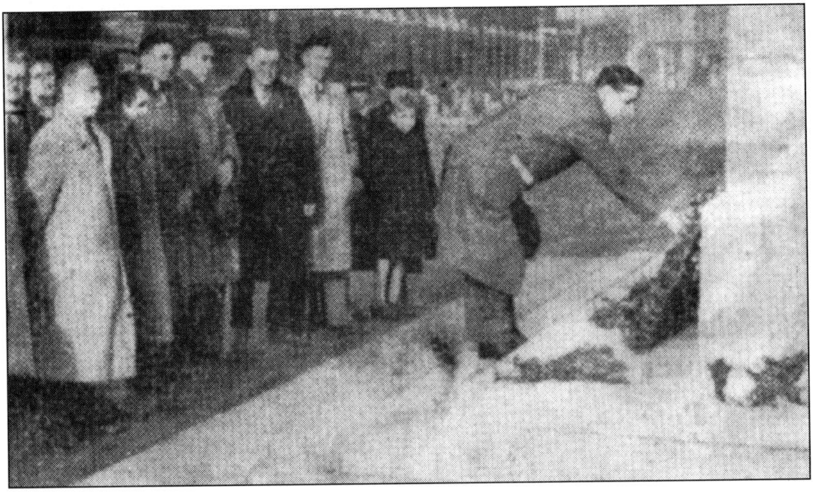

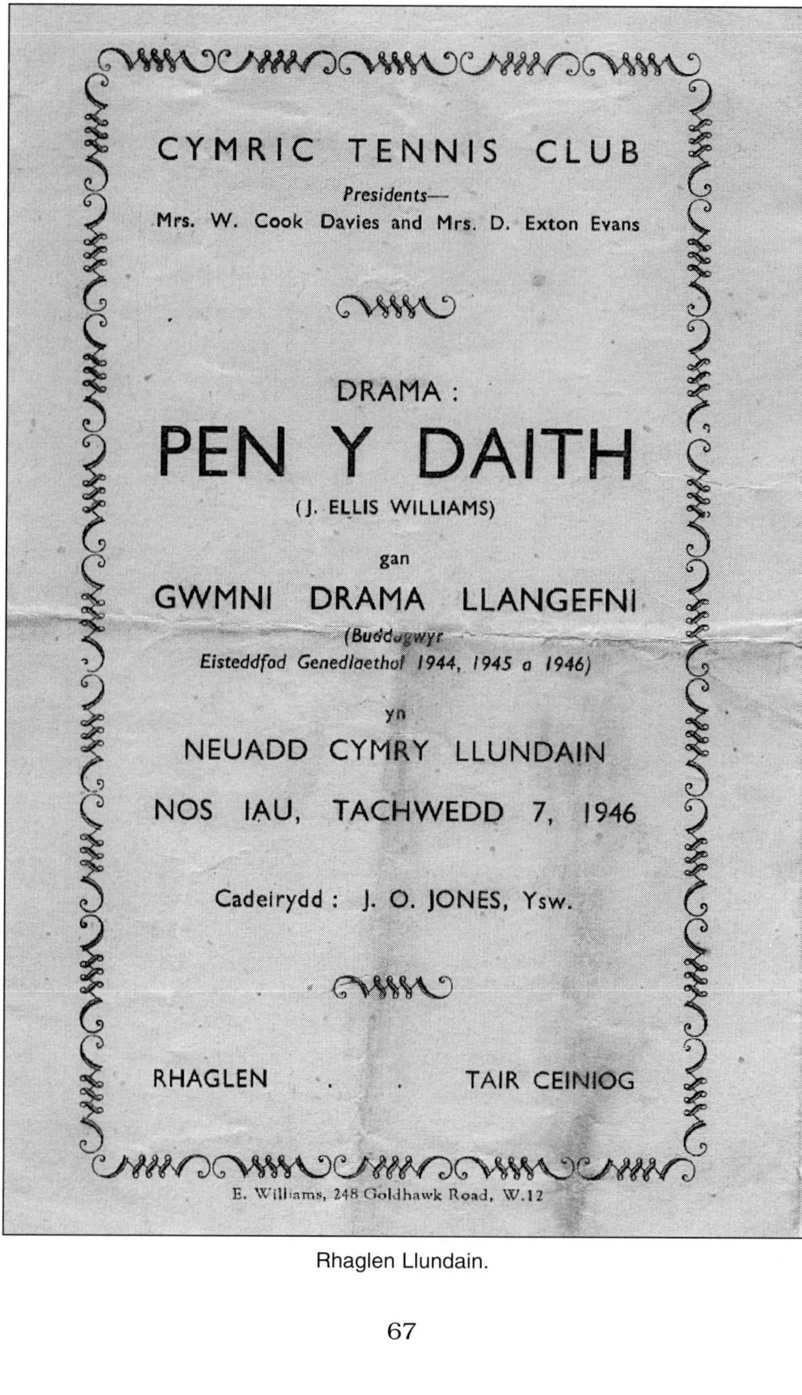

CYMRIC TENNIS CLUB

Presidents—

Mrs. W. Cook Davies and Mrs. D. Exton Evans

DRAMA :

PEN Y DAITH

(J. ELLIS WILLIAMS)

gan

GWMNI DRAMA LLANGEFNI

(Buddugwyr
Eisteddfod Genedlaethol 1944, 1945 a 1946)

yn

NEUADD CYMRY LLUNDAIN

NOS IAU, TACHWEDD 7, 1946

Cadeirydd : J. O. JONES, Ysw.

RHAGLEN . . TAIR CEINIOG

E. Williams, 248 Goldhawk Road, W.12

Rhaglen Llundain.

Ymysg y pum cant a hanner o Gymry Llundain oedd yn bresennol 'roedd Mr. Hugh Griffith, gynt o Farianglas, Môn. Sut siwrnai gafwyd tybed?

Pwy well nag 'Un o'r Cwmni' i adrodd yr hanes:

Wedi cadw llawer ymrwymiad yn y Gogledd a llwyddo i roi mwynhad i gannoedd lawer, cawsom fel cwmni ein hanrhydeddu gyda chyhoeddiad yn Llundain ac yr oeddym yn falch o'r anrhydedd, nid er ein mwyn ein hunain fel cwmni ond er mwyn y dref a Môn. Edrychem ar y fraint fel cyfle arbennig i godi enw'r hen sir a'r dreflan a gwnaethom ein gorau i gyfiawnhau'r cyfrifoldeb a osodwyd arnom.

Yr oeddym yn barod i gychwyn wrth y cloc mawr am bedwar o'r gloch brynhawn Mercher. Yr oedd y stryd fel arfer ar brynhawn Mercher yn brysur gan anifeiliaid o'r smithfield, a phobl yn cyrchu adre o'r sale, a phlant yr ysgol yn troi am eu haelwydydd. Yr oedd lwmp yng ngwddw un neu ddau o'r cwmni wrth feddwl am daith mor bell a'r nos yn ein wynebu. Buan yr oeddym wedi croesi Menai a phawb yn hapus. Yna daeth y niwl trwchus, ond yr oedd gennym wir gomedian yn ein cadw yn llawen. Stratford-on-Avon ydoedd y nod y noson gyntaf. Caed egwyl yma a thraw am gwpaned o de i'n cynhesu. Yr oedd T. C. Simpson, Osborne Williams a Hywel Williams yn ysbrydoliaeth inni.

Cyrhaeddwyd hen dref William Shakespeare ddau o'r gloch y bore a threfniadau croeso cynnes yn barod inni. Cysgu yno hyd wyth y bore. Ni chawsom gychwyn o Stratford i'r funud gan yr oedd y tri a enwyd eisiau anfon gair adref i ddweud eu bod yn fyw. Buasai Ishmael Evans wedi teliffonio i Langefni, ond dywedodd Sara Puw nad oedd y teliffon yn nhref Shakespeare yn deall Cymraeg a bu'n rhaid iddo fodloni ar anfon postcard. Caed taith ddifyr oddi yno i Lundain a chodi dwylo ar bawb a welem ar y ffordd. Am un o'r gloch yr oeddym yn Llundain a chinio gwych yn ein disgwyl a ninnau megis llewod rheibus yn clirio'r platiau. Yna trefnu'r llwyfan ar gyfer yr hwyr a myned allan i siopa. Yr oedd pawb yn awyddus i gael presantau i gyfeillion. Cawsom de mewn caffi a gedwyd gan Iddew, ac yr oedd yn gwybod i'r dim sut i ofalu am gwmni llwglyd o Fôn.

Cyrraedd yn ôl at y Clwb Cymraeg a thorf fawr yn disgwyl am fyned i mewn. Cafodd y cwmni bach o Fon groeso twymgalon Cymry Llundain. Yr oeddynt yn hoffi dull Ishmael a Sara Puw o garu, ond yn gobeithio nad oes llawer o rai tebyg i Huw Owen yn yr hen sir.

Wedi'r perfformio yr oedd yr ystafell wisgo yn orlawn o rai yn holi am hwn a'r llall, ac yn eu mysg gyfeillion o Langefni. Hefyd yr oedd yr actor H. Griffith o Farian Glâs yno un sydd yn dwyn anrhydedd i Fôn a Chymru ar lwyfan Llundain. Rhoddodd air da iawn i waith y cwmni.

Yr oedd aelodau'r pwyllgor yn Llundain wedi trefnu yn ardderchog i letya'r cwmni ar eu gwahanol aelwydydd, ac yr oedd eu croeso yn gwneud i bawb deimlo yn hollol gartrefol. Diolch calon iddynt.

Wedi brecwast trannoeth a diolch am y croeso, aed at y Gofeb yn Whitehall a gosodwyd torch o flodau arni i gofio am blant Llangefni a Môn a gwympodd yn y ddau ryfel. Yna at Blas Buckingham i weled newid y "guard", a wedyn rhagor o wario pres ar anrhegion. Prynodd rhai grancod a phenwaig ac 'roedd seddau ôl y bws yn llawn o bob math o fwydydd. Dywedodd Sara Puw am yr olygfa hon ei bod fel diolch-garwch am y cynhaeaf. Ar y ffordd yn ôl Hywel Williams oedd yn dosrannu'r danteithion, a mawr ein dyled iddo am weinyddu yn deg. Ar y daith sylwasom nad oes amaethwyr cystal a rhai Môn. Yr oedd golwg afler iawn ar rai o'r ffermydd. Ond gwelsom dai to gwellt twt a destlus ac un pentref felly a phob tŷ wedi ei wyngalchu yn lân yn cynnwys y llythyrdy. Tra byddwn byw nid anghofiwn y daith ddifyr hon a'r croeso cynnes a gawsom gan Gymry Llundain.

(*Clorianydd*, Tachwedd 27, Llangefni)

Ond ni cheir sôn yn yr erthygl am helyntion y daith! Yng ngeiriau Myfanwy Jarman, bu cyrraedd Stratford-upon-Avon yn gryn gamp heb sôn am gyrraedd Llundain:

". . . ar y ffordd i Lundain i actio i'r Clwb Cymraeg – gyrrwr y bws wedi sicrhau Ned ei fod yn gwybod y ffordd i'r lle 'roedden yn aros yn Stratford-upon-Avon ar y nos Fercher –

yn colli ei ffordd yn y tywyllwch dudew. Peth nesa' glywson ni oedd gwartheg yn brefu a Ned yn gweiddi a'i deud hi – 'roedden ni a'r bws ar fuarth ffarm yng nghanol y wlad! Cyrraedd y Gwesty (Swan dwi'n meddwl) yn hwyr – rhy hwyr i gael swper! . . ."

Bu Tachwedd 1946 yn fis anghyffredin o brysur i'r cwmni, ac mae'n anodd dirnad heddiw sut y gallasai cyflogwyr y dref ryddhau aelodau o'r cast o'u dyletswyddau gan mor aml y byddai'r cwmni'n perfformio yn ystod yr wythnos. Mae gan y ddrama Gymraeg le i ddiolch i bobl busnes y cyfnod. A beth am y gwŷr, y gwragedd a'r plant 'amddifad'? Heb eu cefnogaeth hwy byddai'n amhosibl i gwmni drama amatur fel Llangefni fod wedi ymgymryd â'r holl alwadau.

Wedi dychwelyd o Lundain, perfformiodd y cwmni yn Chwilog (nos Fercher, Tachwedd 13), yn Y Felinheli (nos Wener, Tachwedd 15) ac yng Ngŵyl Ddrama Y Bala ar y nos Sadwrn. Fel y daith i Lundain a'r amgylchiad trist yng Nghaernarfon, cofiadwy iawn fu digwyddiad arbennig ar y nos Sadwrn yn Y Bala – digwyddiad unigryw, tybed, yn hanes y ddrama amatur yng Nghymru? Dyfarnwyd y wobr gyntaf i Gwmni Llangefni ac yn ôl gohebydd 'Y Cymro', '*. . . yr oedd cymeradwyaeth y dorf yn braw pendant fod beirniadaeth Mr. John Ellis Williams, Blaenau Ffestiniog, yn boblogaidd*'. Caiff gohebydd y *Clorianydd* egluro'r hyn a ddigwyddodd yn Neuadd Buddug y noson honno:

Bu yr wythnos ddiweddaf yn un brysur i'r Cwmni Drama – tŷ llawn yn Chwilog . . . a'r un modd yn y Felinheli . . . Nos Sadwrn yr oeddynt yn Y Bala yn cloi i fyny wythnos o gystadlu . . . Fel ym mhobman arall mewn gwyliau drama, daethant allan yn flaenaf am y wobr o 40p. Pan alwyd y cynhyrchydd i'r llwyfan, cafodd gymeradwyaeth fyddarol. Cyflwynwyd y 'cheque' iddo gan Mrs. Hywel Hughes. Yna, cyfarchwyd y dyrfa gan Mr. Edward Williams ar ran y cwmni. Dywedodd eu bod yn falch o gael dod i'r Bala ar gyfrif cyfraniad yr hen dref i bethau gorau Cymru . . .

Diolchodd hefyd am y llythyrau a dderbyniodd oddi wrth ysgrifennydd Gŵyl Ddrama'r Bala, yn erfyn arnynt i fyned yno i gystadlu. "Ein nod ni", meddai Mr. Williams, "yw codi

NEUADD BUDDUG, Y BALA

Cystadleuaeth
DRAMA

(Dan nawdd Aelwyd y Bala)

Tachwedd 11, 12, 13, 14, 15, 16, 1946

Gwobrau : 1af, £40 ; Ail, £20, a £10 i bob Cwmni a ymddengys ar y Llwyfan.

Beirniad :

Mr. J. ELLIS WILLIAMS, Blaenau Festiniog

Drysau'n agor am 6.45 ; Dechrau am 7.30 o'r gloch.

SYLWER — Nos Sadwrn—*Agor am 6, dechreu am 7 o'r gloch*

Arweinydd am yr wythnos :

MR. J. M. ROBERTS, Y BALA

Mynediad i mewn :

Tocyn Wythnos, £1/1/0 a 15/- ; Tocyn Noson, 3/- a 2/-.

* * * *

Traddodir Beirniadaeth ar ddiwedd pob Perfformiad a'r Dyfarniad Nos Sadwrn

RHAGLEN : PRIS CHWE CHEINIOG

GWASG Y BALA. Tel. 29.

Rhaglen Neuadd Buddug, Y Bala, Tachwedd 11-16, 1946.

safon y ddrama yng Nghymru a chynorthwyo cwmnïau eraill llai i ddod ymlaen, ac felly yr ydym wedi penderfynu cyflwyno'r deugain punt yn ôl, a dymuno i'r cwmni agosaf atom eu cael, gan y cawn ni ein costau".

Yn dilyn y sylwadau yr oedd y dyrfa fawr ar ei thraed, a gweiddi a churo dwylo na chlybuwyd ei gyffelyb gan y rhai oedd yno. Dywedodd yr arweinydd, dan deimlad, i Gwmni Llangefni roddi esiampl i'r byd beth yw brawdgarwch, a phe byddai mwy ohono yn y byd ni buasai cenfigen na sôn am ryfel.

Y mae'r cwmni wedi derbyn ymrwymiad arall yn y Bala ym mis Mawrth er mwyn y cannoedd a fethodd fyned i mewn nos Sadwrn.

(*Clorianydd*, Tachwedd 20, Llangefni)

Rhoddwyd y deugain punt i Gwmni Rhosgadfan a rhannwyd yr ail wobr rhwng Bro Padarn a Beulah, Caernarfon.

Mae'n amlwg i'r weithred gael cryn gyhoeddusrwydd. Ymysg y llythyrau a dderbyniodd Edward Williams mae hwn oddi wrth Lywydd Cymdeithas Drama Sir y Flint (gweler gyferbyn).

Ddwy flynedd yn ddiweddarach, yn niwedd 1948, ysgrifennai John Ellis Williams golofn reolaidd i'r papur newydd yn dwyn y teitl *Aelwyd Yr Herald*. Er fod y ffaith hon yn ymddangos braidd allan o'i lle yn yr hanes mae cynnwys un o'i erthyglau yn hollol berthnasol i'r hyn a ddigwyddodd ar y nos Sadwrn yn y Bala yn Nhachwedd 1946. 'Roedd y Golygydd yn amlwg wedi rhoi pen rhyddid i John Ellis i 'sgrifennu ar unrhyw bwnc a fynnai, a chan ei fod newydd feirniadu yn nhrydedd Gŵyl Ddrama Y Bala, dewisodd 'sgrifennu pwt ar 'Cystadlu':

Nid wyf yn or-hoff o'r Gwyliau Cystadlu hyn, oherwydd y mae 'pot-hunting', chwedl y Sais, yn aml yn magu ysbryd o elyniaeth na wna fawr o les i ddatblygiad diwylliant. Y ddadl fawr dros gystadlu yw bod yn rhaid cynnig gwobr er mwyn denu dyn i wneud ei orau, fel crogi moron o flaen mul i'w gael i dynnu'r drol. Efallai bod y cynllun hwn yn llwyddo gyda mulod. Ni wn i; ni bûm erioed yn gyrru mulod (pedwar-troed). Ond y mae'n amheus iawn gennyf a wnaed unrhyw les i lenyddiaeth, cerddoriaeth, arluniaeth, neu unrhyw

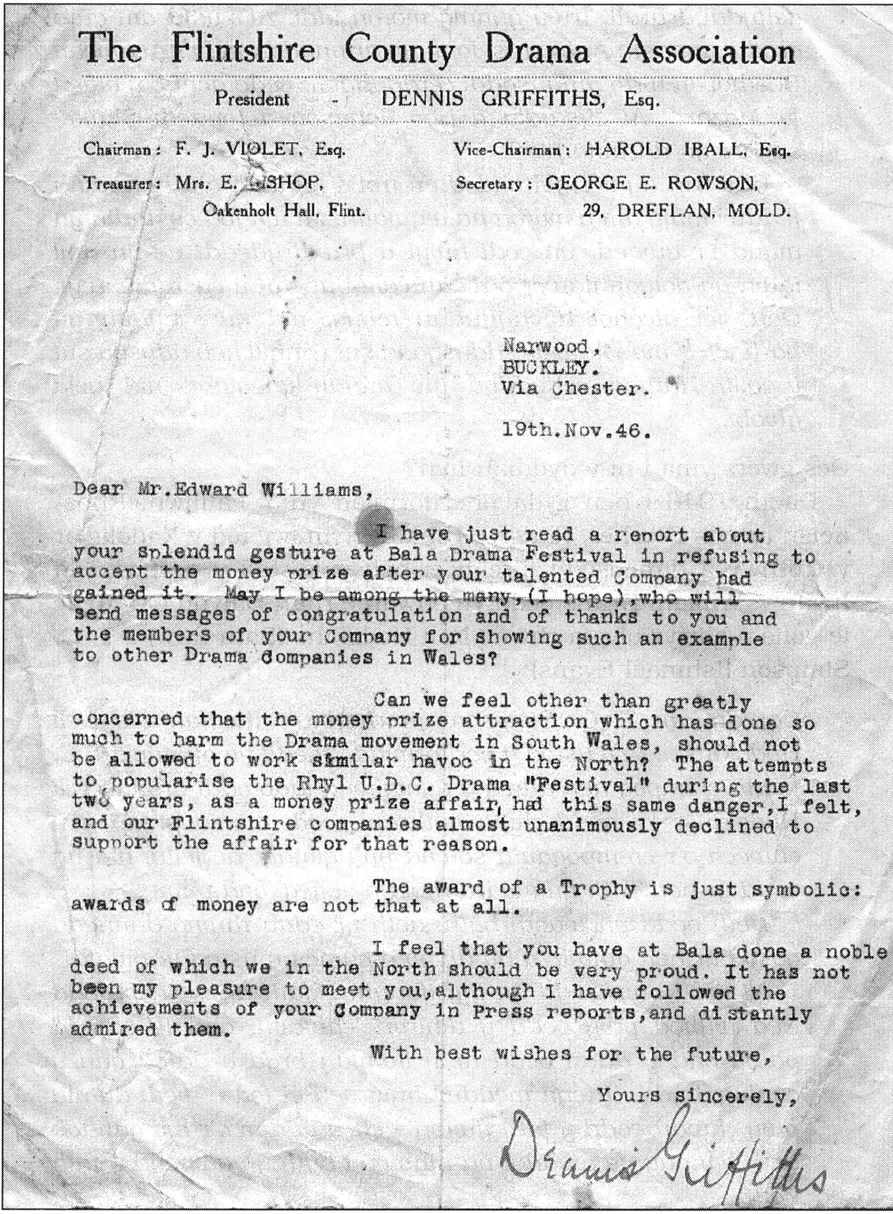

The Flintshire County Drama Association

President - DENNIS GRIFFITHS, Esq.

Chairman: F. J. VIOLET, Esq. Vice-Chairman: HAROLD IBALL, Esq.

Treasurer: Mrs. E. BISHOP, Oakenholt Hall, Flint. Secretary: GEORGE E. ROWSON, 29, DREFLAN, MOLD.

Narwood,
BUCKLEY.
Via Chester.

19th. Nov. 46.

Dear Mr. Edward Williams,

I have just read a report about your splendid gesture at Bala Drama Festival in refusing to accept the money prize after your talented Company had gained it. May I be among the many, (I hope), who will send messages of congratulation and of thanks to you and the members of your Company for showing such an example to other Drama Companies in Wales?

Can we feel other than greatly concerned that the money prize attraction which has done so much to harm the Drama movement in South Wales, should not be allowed to work similar havoc in the North? The attempts to popularise the Rhyl U.D.C. Drama "Festival" during the last two years, as a money prize affair, had this same danger, I felt, and our Flintshire companies almost unanimously declined to support the affair for that reason.

The award of a Trophy is just symbolic: awards of money are not that at all.

I feel that you have at Bala done a noble deed of which we in the North should be very proud. It has not been my pleasure to meet you, although I have followed the achievements of your Company in Press reports, and distantly admired them.

With best wishes for the future,

Yours sincerely,

Dennis Griffiths

Llythyr Dennis Griffiths.

gelfyddyd arall, trwy gynnig moron iddi. Ai'r ysfa am guro eraill a wnaeth Augustus John yn arlunydd mawr? Ai amcan Beethoven wrth gyfansoddi cerddoriaeth oedd achub y blaen ar Mozart? Ai cystadlu â Ben Johnson a wnaeth Shakespeare yn ddramaydd?

Gall trin dynion fel mulod eu troi'n fulaidd, a'u harwain i feddwl mwy am y moron na'u gwaith. Mi wn fod cystadlu yn mynd i'r gwaed, yn codi hwyl a brwdfrydedd, ac yn aml iawn yn golygu llawer o waith caled ar ran y cystadleuwyr. Ond, fel alcohol a chyffuriau tebyg, nid yw'r effaith yn barhaol. Y mae llawer a ddysgodd sut i ennill heb ddysgu sut i golli. Hanfod celfyddyd yw hunan-fynegiant, nid hela gwobr.

Oes gwers yma i ni y dyddiau hyn?

Daeth 1946 i ben gyda pherfformiad yn Y Pafiliwn, Rhosneigr, ar nos Fercher, Rhagfyr 18. Mae'n amlwg fod y Nadolig ar y trothwy a dangosodd direidi ei ben yn ystod y perfformiad hwnnw. William Evans oedd yn chwarae rhan Dafydd Owen, ac fe gofia'n glir yr olygfa rhwng Nell Hodgkins (Sara Puw) a T. C. Simpson (Ishmael Evans):

Cof da am T. C. Simpson yn rhannu'r llwyfan efo Nell Hodgkins . . . Yn ystod y perfformiad, 'roedd yn ofynnol i T. C. fwyta crempog neu ddwy a gynigiwyd iddo oddi ar blât Nell Hodgkins. Yr oedd rhyw gythraul wedi gwnio pump neu chwech o'r crempogau'n sownd yn'i gilydd, ac felly, nid un oedd yr hen T. C. yn medru rhoi yn ei geg, ond pump.

Beth oedd yn waeth byth, aeth yr edau rhwng dannedd gosod yr hen gyfaill, a bu dipyn o banic yn ystod yr olygfa.

Ni wn i bwy oedd yn gyfrifol am y fath dric. Ni chafodd Ned wybod pwy oedd y dihiryn 'chwaith, ond fe gafodd pawb ond y ddau oedd ar y llwyfan bryd o dafod gan y cynhyrchydd. 'Rwyn meddwl hwyrach ei fod o wedi dyfalu pwy chwaraeodd y fath ffwlbri – ches i ddim o'r bai ganddo beth bynnag, fe wyddai na fuaswn i byth yn gwneud y fath beth!

Ond '. . . *ni chafodd neb ei siomi gan y cwmni, ac yn sicr ni chlywyd eu gwell ers llawer dydd. Cafwyd perfformiad gwych . . .'*

Wedi cyflawni nifer o alwadau yn ystod misoedd cyntaf y flwyddyn newydd, daeth y daith i ben ar lwyfan Neuadd y Brenin, Aberystwyth, ar nos Fawrth, Ebrill 7, 1947.

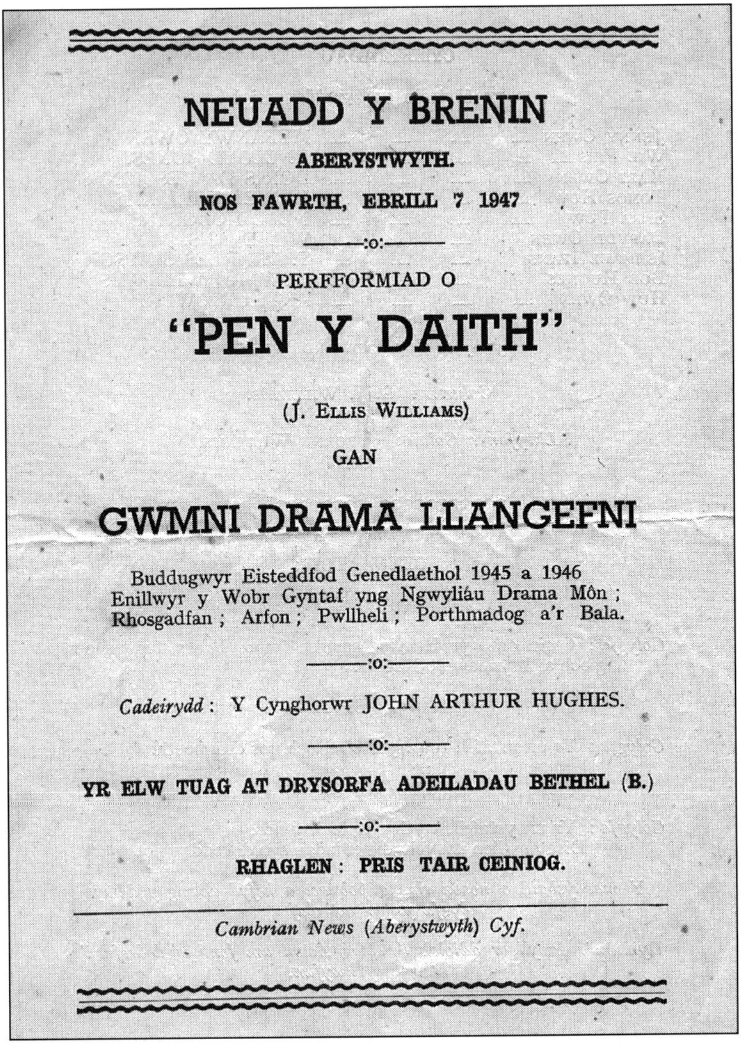
NEUADD Y BRENIN

ABERYSTWYTH.

NOS FAWRTH, EBRILL 7 1947

:o:

PERFFORMIAD O

"PEN Y DAITH"

(J. ELLIS WILLIAMS)

GAN

GWMNI DRAMA LLANGEFNI

Buddugwyr Eisteddfod Genedlaethol 1945 a 1946
Enillwyr y Wobr Gyntaf yng Ngwyliau Drama Môn ; Rhosgadfan ; Arfon ; Pwllheli ; Porthmadog a'r Bala.

:o:

Cadeirydd : Y Cynghorwr JOHN ARTHUR HUGHES.

:o:

YR ELW TUAG AT DRYSORFA ADEILADAU BETHEL (B.)

:o:

RHAGLEN : PRIS TAIR CEINIOG.

Cambrian News (Aberystwyth) Cyf.

Rhaglen Neuadd y Brenin.

'Roedd hi wedi bod yn daith hir. Ar y ffordd cafwyd profiadau o siom a llwyddiant, tristwch a llawenydd. Ond y ddau beth pwysicaf yng ngolwg y cwmni oedd ei fod wedi rhoi pleser i filoedd ac wedi gosod sylfaen gadarn i'r ddrama amatur Gymraeg. 'Rwan, rhaid oedd edrych ymlaen.

Gan fod *Pen y Daith* wedi ymestyn dros ddau dymor, ni chafwyd cyfle i ddysgu ac i gyflwyno drama 'newydd' ar gyfer gwyliau drama Gogledd Cymru yn nechrau 1947. Am y tro cyntaf ers nifer o flynyddoedd, ni chafwyd perfformiad gan y cwmni yng Ngŵyl Ddrama Môn yn ystod Mawrth 24-29. Yn hytrach na chynhyrchu, derbyniodd Edward Williams wahoddiad i lywyddu yn ystod yr wythnos, a chafodd weld Cwmni Llanerchymedd, dan gyfarwyddyd John Huws, yn cipio'r wobr yn yr Adran Agored ac yn Adran y Ddrama Hir.

Wedi siomiant Aberpennar, tybed a fyddai gan y cwmni ddigon o frwdfrydedd a phenderfyniad i geisio eto am y wobr gyntaf ym Mae Colwyn yn Awst 1947? Wedi cryn drafod, penderfynwyd cystadlu. Unwaith eto, rhaid oedd dewis drama a chastio. Dewiswyd un o ddramâu cynnar John Gwilym Jones, *Y Brodyr*. Wrth edrych yn ôl, mae'n debyg mai annoeth ac anffodus fu'r dewis. Yn sicr, ni fedrai'r cwmni ragweld yr hyn oedd i ddigwydd ac yn ôl pob tebyg ni chafwyd gwefr o'i pherfformio 'chwaith. Ond, fe wnaed y penderfyniad ac yn ôl yr arfer rhaid oedd i'r holl gast roi o'u gorau i'r fenter.

Ar nos Sadwrn, Mai 10, 1947, a chyda D. Haydn Davies yn beirniadu, cynhaliwyd y rhagbrawf yn Neuadd y Dref, Llangefni.

Cafwyd tŷ llawn ac, ym marn y beirniad a'r gynulleidfa, gwelwyd perfformiad o safon uchel:

> *Hapus meddwl bod teimladau da yn ffynnu rhwng cwmnïau drama Môn. Wedi perfformiad 'Y Brodyr' gan gwmni'r dref cawsant y gair calonnog isod gan y Parch. Alwyn Owen, Llanfachraeth. Y mae ef yn awdur dramâu ei hunan ac yn gynhyrchydd cwmni 'Llyn Llywennan':-*
>
> *"Cefais y fraint o fod yn Llangefni nos Sadwrn yn gwrando ar 'Y Brodyr', a manteisiaf i'ch llongyfarch yn fawr ar eich llwyddiant gyda'r ddrama yma. Yn sicr nid ychydig oedd eich pryder cyn codi'r llen, gan ei bod yn ddrama sydd*

NEUADD Y DREF

Sadwrn Mai y 10fed, 1947,

Perfformiad cyntaf

CWMNI LLANGEFNI

o'r Ddrama:

"Y BRODYR"

(J. Gwilym Jones)

Bydd y perfformiad yma yn Rhagbrawf ar gyfer yr Eisteddfod Genedlaethol ym Mae Colwyn 1947.

Beirniad: D. HAYDN DAVIES, B.A.

Llywydd: J. H. HUMPHREYS, Ysw., M.Sc.

Yr Elw er budd 'Ebenezer' Eglwys Fethodistaidd, Llangefni.

Rhaglen – Pris 3 ceiniog.

Rhaglen Y Brodyr – Llangefni.

yn anodd i'w rhoddi drosodd ar lwyfan oedd yn cynnig cyn lleied o help i chwi. Credaf eich bod wedi gwneud cyfraniad mawr nos Sadwrn i'r ddrama ym Môn. Diolch yn fawr i chwi am fentro a llwyddo mor dda. Dymunaf i chwi a'r cwmni lwyddiant mawr eto yn y Brif Ŵyl eleni".

(*Clorianydd*, Mai 21, 1947)

Yn ystod Mehefin derbyniwyd gwybodaeth fod Cwmni Drama Llangefni i ymddangos yn y prawf terfynol am y bedwaredd blwyddyn yn olynol. 'Roedd gobeithion y cwmni eto'n uchel a dymuniadau Megan Lloyd George yn glir ym meddwl pob un o'r cast:

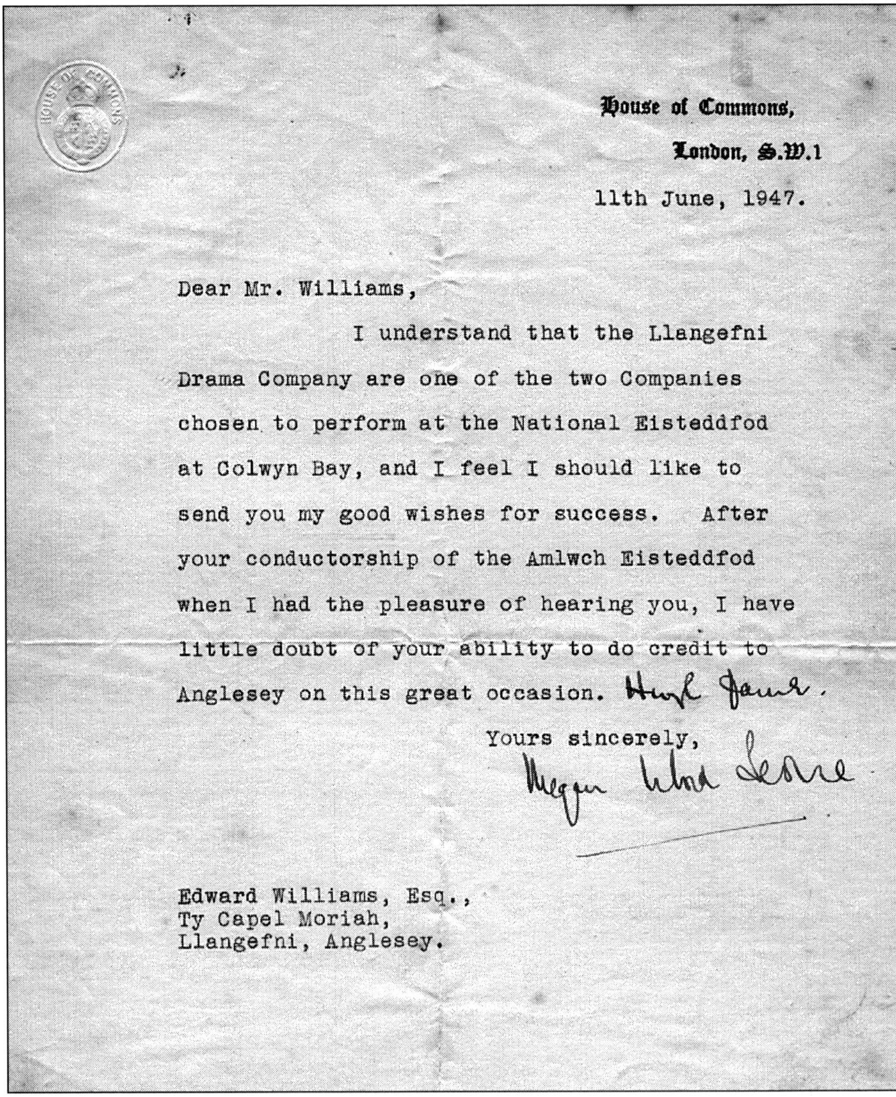

House of Commons,
London, S.W.1

11th June, 1947.

Dear Mr. Williams,

I understand that the Llangefni Drama Company are one of the two Companies chosen to perform at the National Eisteddfod at Colwyn Bay, and I feel I should like to send you my good wishes for success. After your conductorship of the Amlwch Eisteddfod when I had the pleasure of hearing you, I have little doubt of your ability to do credit to Anglesey on this great occasion. Hwyl fawr.

Yours sincerely,
Megan Lloyd George

Edward Williams, Esq.,
Ty Capel Moriah,
Llangefni, Anglesey.

Yn ei sylwadau, dyma beth ddywedai D. Haydn Davies am y gystadleuaeth:[7]

Daeth deg o gwmnïau i'r rhagbraw . . . O'r deg cwmni, cyrhaeddodd pedwar ohonynt safon deilwng . . . Gall yr Eisteddfod deimlo'n falch o waith y pedwar cwmni gorau, a buwyd yn pwyso a mesur yn hir cyn dewis Llangefni a Glandŵr (Abertawe) i ymddangos yn y prawf terfynol, gan i Beniel (Caerfyrddin) a Thremarl (Cyffordd Llandudno) ddyfod yn bur agos atynt.

. . . Dyma'r ddwy elfen y bydd yn rhaid i ni wrthynt os yw'r safon i fod yn deilwng o orau'r Eisteddfod – dilysrwydd ar ran yr actorion, a chyfarwyddo deallus . . .

Sut bynnag, y mae'r pedwar cwmni a enwyd fel goreuon y rhagbraw yn llawn deilwng i ymddangos yn y Prawf Terfynol; yr oedd eu hagwedd at y gwaith yn ddilys, eu techneg yn feistrolgar ynghyd a dehongliad deallus a chywir.

Rhaid aros bellach tan wythnos yr Eisteddfod cyn penderfynu rhwng Llangefni . . . a Glandŵr ('Dau Dylwyth', Ieuan Griffiths).

Ar nos Wener, Awst 8, cafwyd y dyfarniad. Yn gyntaf, Cwmni Glandŵr ac yn ail, Cwmni Llangefni. Yr ail safle am y pedwerydd gwaith. Yn y prawf terfynol, traddodwyd y feirniadaeth gan neb llai na Hugh Griffith, gyda Haydn Davies a Kitchener Davies yn cyd-feirniadu ag o. Sut feirniadaeth gafwyd gan yr actor proffesiynol? Fe gofia William Evans (Idris) yn dda am yr amgylchiad:

Nid oeddem yn disgwyl unrhyw ffafr, wrth gwrs, ond teimlem ar yr un pryd y buasai cynhyrchiad cwmni o Fôn wrth fodd ei galon o. Nid felly y bu!

Teimlai Hugh Griffith nad oedd y ddrama, fel ag yr oedd, yn addas ar gyfer ei llwyfannu. Hynny oherwydd fod ynddi ddarnau di-anghenraid nad oeddynt yn ychwanegu dim at werth artistig y ddrama, ac y dylai'r cynhyrchydd fod wedi hepgor y darnau tramgwyddol hynny.

I fod yn deg â'r cynhyrchydd, yr oedd yntau wedi teimlo hynny hefyd ac fe geisiodd farn neb llai na Chynan ei hun.

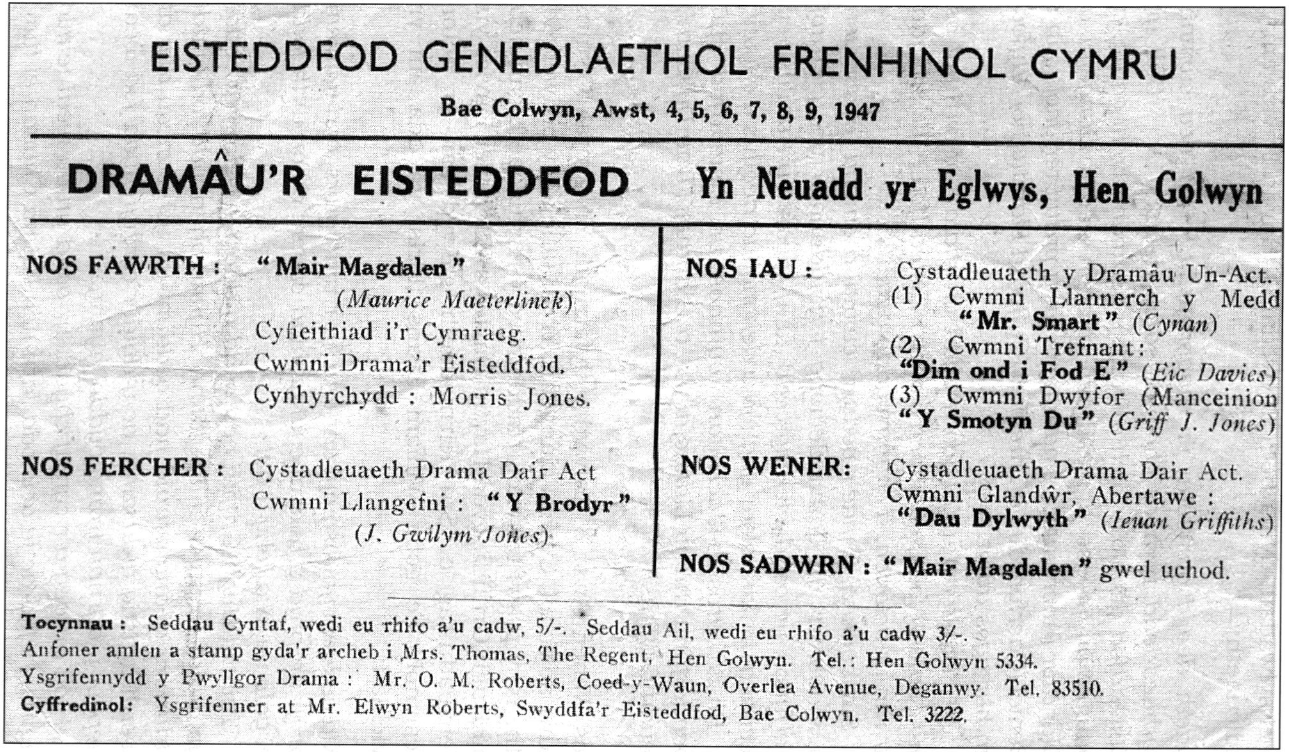

EISTEDDFOD GENEDLAETHOL FRENHINOL CYMRU

Bae Colwyn, Awst, 4, 5, 6, 7, 8, 9, 1947

DRAMÂU'R EISTEDDFOD **Yn Neuadd yr Eglwys, Hen Golwyn**

NOS FAWRTH : **"Mair Magdalen"**
(*Maurice Maeterlinck*)
Cyfieithiad i'r Cymraeg.
Cwmni Drama'r Eisteddfod.
Cynhyrchydd : Morris Jones.

NOS FERCHER : Cystadleuaeth Drama Dair Act
Cwmni Llangefni : **"Y Brodyr"**
(*J. Gwilym Jones*)

NOS IAU : Cystadleuaeth y Dramâu Un-Act.
(1) Cwmni Llannerch y Medd
"Mr. Smart" (*Cynan*)
(2) Cwmni Trefnant :
"Dim ond i Fod E" (*Eic Davies*)
(3) Cwmni Dwyfor (Manceinion
"Y Smotyn Du" (*Griff J. Jones*)

NOS WENER: Cystadleuaeth Drama Dair Act.
Cwmni Glandŵr, Abertawe :
"Dau Dylwyth" (*Ieuan Griffiths*)

NOS SADWRN : "Mair Magdalen" gwel uchod.

Tocynnau : Seddau Cyntaf, wedi eu rhifo a'u cadw, 5/-. Seddau Ail, wedi eu rhifo a'u cadw 3/-.
Anfoner amlen a stamp gyda'r archeb i Mrs. Thomas, The Regent, Hen Golwyn. Tel.: Hen Golwyn 5334.
Ysgrifennydd y Pwyllgor Drama : Mr. O. M. Roberts, Coed-y-Waun, Overlea Avenue, Deganwy. Tel. 83510.
Cyffredinol: Ysgrifenner at Mr. Elwyn Roberts, Swyddfa'r Eisteddfod, Bae Colwyn. Tel. 3222.

Rhaglen Eisteddfod Bae Colwyn.

Yr oedd Cynan yntau'n cydweld, ac awgrymodd y dylid cael caniatâd yr awdur i adael rhannau o'r ddrama allan, ond gwrthodwyd y cais – 'doedd o ddim am i neb ddarnio'r cyfanwaith.

P'run bynnag am hynny, aethpwyd i'r gystadleuaeth mewn llawn hyder ffydd ac fe berfformiwyd y ddrama i fodlonrwydd y cynhyrchydd (ac fe 'roedd hynny'n beth eitha prin!). Ond am rhyw reswm, 'doedd y Beirniad ddim wedi teimlo'r un wefr! Bu iddo gondemnio safon y ddrama yn ogystal a pherfformiadau sawl cymeriad yn nrama'r Brodyr – o ba rai, un o rhai pennaf oeddwn i.

Fe allwch ddeall siomiant y cwmni ar ôl y fath feirniadaeth ac fe esgymunwyd Y Brodyr byth ar ôl hynny. Darniwyd y ddrama a safon yr actio yn ulw-grybibion.

Dyna farn a theimladau personol un o'r cast, ond beth oedd y ddedfryd yn y Wasg tybed?

DRAMÂU BAE COLWYN
BEIRNIADU BEIRNIAD

. . . Mater a dynnodd lawer o sylw ydoedd y ffordd y beirniadwyd y ddrama hir gan Mr. Hugh Griffith, actiwr o Lundain, sydd yn frodor o Farian Glas. Perfformiodd cwmni Llangefni 'Y Brodyr' (J. Gwilym Jones), ac nid oedd gan yr actiwr o'r Brifddinas air da i'r ddrama, na fawr o glod, ychwaith, i'r cwmni o sir ei febyd. Y mae yn deg dweud i gwmni Llangefni droedio yn araf cyn dewis drama ar gyfer Bae Colwyn. Ymgynghorwyd â gŵr sydd yn awdurdod ar y ddrama yng Nghymru, un a enillodd am gyfansoddi a chynhyrchu, a hefyd roddi blynyddoedd o wasanaeth i'r mudiad yng Nghymru – nid yn Llundain, cofier. Ar sail ei brofiad nid oedd undyn diogelach ei farn. Cyfarwyddodd y cyfeillion o Llangefni i fynd i'r afael â'r 'Brodyr'. Gwnaethant hynny, a chael llwyddiant ar ddrama anodd. Yn y prawf yn Neuadd y Dref, Llangefni, dywedodd Mr. Haydn Davies, sydd yn safon, iddo gael gwledd yn y ddrama a'r perfformio. Naturiol felly oedd i feirniadaeth actiwr o Lundain dynnu sylw yn wyneb barn dau a ŵyr beth yw beth gyda'r ddrama yng Nghymru.

Nid yw Llangefni am eiliad yn cwyno yn erbyn y dyfarniad. Un o'r rhai cyntaf i longyfarch Abertawe yn eu buddugoliaeth ydoedd cynhyrchydd Llangefni. Yr oedd ysgoloriaeth i'r cynhyrchydd gorau yn y gystadleuaeth, ac o gofio bod cynhyrchydd Abertawe yn dilyn y grefft o actor proffesedig, dylai awdurdodau'r Eisteddfod gyfyngu hyn i rai na chawsant brofiad proffesedig.

Dyma fel yr ysgrifenna Mr. Dewi Llwyd Jones, Trefnydd Drama Môn, a fu yn yr Eisteddfod Genedlaethol:-

PWNC TRAFODAETH

"Pwnc trafodaeth mawr yr wythnos oedd beirniadaethau Hugh Griffith.

Cafwyd ei agwedd yn hollol glir yn ei sylwadau ar chwarae nos Fawrth. Dywedodd ei fod ef am roi ei syniadau am y ddrama yng Nghymru (drama nad oedd wedi dechrau cropian). Yr oedd am geisio dweud y gwir, fel y gwelai ef, a'i ddweud yn blaen. Yr oedd cyfle gwych i'r ddrama yng Nghymru heddiw, a galw mawr am ddramau ond nid oeddynt yn dod, ac hebddynt ni ellid gosod sail i'r ddrama yng Nghymru. Yr oedd wedi darllen 'Y Brodyr' yn ofalus, ac yr oedd i fod i feirniadu'r chwarae.

'Pe bawn yn gwneud hynny golygai gymryd nodion, a buasai arnaf eisiau rhyw chwech o bersonau i gymryd nodion llaw-fer nes y byddai eu bysedd yn bytiau – dyna'r gwir'.

"Nid oedd Hugh Griffith yn credu mewn beirniadaeth fel y ceir ef mewn Eisteddfod. Hoffai wybod paham na fyddai Cyngor yr Eisteddfod yn hytrach na gofyn iddo feirniadu, yn gofyn iddo fynd i Langefni am wythnos i ymarfer y cwmni. Nid oedd siarad yn mynd a'r ddrama i unman. 'Pe cawn y cwmni yma at ei gilydd gallwn ddangos miloedd o feiau iddynt'.

"Yna rhoddodd yr actor o Lundain linyn mesur ar ddrama John Gwilym Jones, 'Y Brodyr'. Nid oedd ganddo eirda iddi. Er hynny, ni roddodd unrhyw awgrym o beth a ddylai fod. . . . Nos Wener bu'n rhoi sylwadau ar gwmni Abertawe yn

chwarae 'Dau Dylwyth' . . . Rhoddodd ganmoliaeth uchel iawn i gwmni Abertawe . . .

"Derbyniwyd geiriau Hugh Griffith gyda chymeradwyaeth gan y gynulleidfa. Dywedodd lawer gwirionedd – gwirioneddau y bu rhai yn eu dweud yng Nghymru am flynyddoedd bellach – y diffyg disgyblaeth etc. Ni ddywedodd ddim newydd. Nid awgrymodd ddim newydd . . .

"Yna, onid oedd yn credu mewn beirniadu fel y beirniedir yn yr Eisteddfod paham y derbyniodd y swydd? Nid beth a ddywedodd oedd o'i le, ond y lle y'i dywedodd. O fewn y gyfundrefn sydd yn bod methiant oedd Hugh Griffith fel beirniad drama. Gall fod yn wych o fewn ei gyfundrefn ei hun – nid amheuir hynny, ond o fewn cyfundrefn yr Eisteddfod yr oedd yn fethiant. Gall hynny fod yn gymaint beirniadaeth ar y gyfundrefn ac ar Hugh Griffith.

"O ran urddas yr Eisteddfod ac o ran awgrymiadau ymarferol i'r cwmniau yr oedd yn dda fod Haydn Davies a Kitchener Davies yn feirniaid hefyd. Gwnaethant hwy eu rhan heb unrhyw stremp nag arddull chwyddedig, yn dawel ac effeithiol. Cadwasant y cwmniau rhag diffygio'n llwyr, a chan iddynt fod yn hen gyfarwydd ag anawsterau cwmniau amatur yng Nghymru, gwyddent beth i'w ddisgwyl, ac ar hynny buont yn beirniadu".

Yn ôl yr uchod dylai pwyllgorau Eisteddfodau ofalu am feirniad drama sydd yn meddu ar flynyddoedd o brofiad yng Nghymru, sydd yn wlad anodd cynhyrchu ynddi yn wyneb anawsterau neuaddau etc.

Gwahoddwyd Emlyn Williams rai blynyddoedd yn ôl i feirniadu yn y Genedlaethol, a gwrthododd yn gwrtais am nad oedd mewn cyffyrddiad â Chymru.

(*Y Clorianydd*, Awst 20, 1947)

Gellir dadleu dros ac yn erbyn arddull a phwrpas Hugh Griffith, ond ar y pryd bu ei feirniadaeth yn destun trafodaethau lu ymysg dilynwyr y ddrama amatur yng Nghymru. Hawdd yw dychmygu siomiant Cwmni Drama Llangefni ar dderbyn yr ail wobr am y pedwerydd tro, ond anodd fydd amgyffred ymateb y cwmni i feirniadaeth o'r fath. Ynghlwm â'r testun trafodaeth yma, cafwyd amgylchiad o ddigrifwch hefyd. Yn nhraddodiad yr Eisteddfod Genedlaethol, cynhaliwyd Nosweithiau Llawen yn hwyr gyda'r nos yn ystod yr wythnos. Yn un ohonynt, ac yn dilyn beirniadaeth Hugh Griffith, fe gofir i'r arweinydd gyhoeddi o'r llwyfan,

> 'Os ydi Mr. Hugh Griffith yn y gynulleidfa, a fydd o mor garedig a mynd allan i'r cefn gan fod brodyr John Gwilym Jones ishio gair hefo fo'.

Os bu Aberpennar yn siom, beth fu canlyniad dedfryd Bae Colwyn? Go brin y medrai'r cwmni gael ysbrydoliaeth i ddiddanu cynulleidfaoedd heb sôn am gystadlu eto gyda'r ddrama hon. Hyd y gwyddys, does dim cofnod i'r cwmni berfformio'r ddrama wedyn. Tymor byr iawn fu tymor *Y Brodyr*.

Beth nesa' i'r cwmni? Rhoi'r ffidil yn y to ynteu mentro am 1948 gyda drama newydd? Â'i llesteiriwyd gan feirniadaeth Hugh Griffith? Penbleth! Yn sicr byddai dewis drama addas o'r pwys mwyaf. Penderfynwyd mentro unwaith eto. Yn dilyn 'trasiedi' Bae Colwyn, dewiswyd comedi Tom H. Richards, *Y Carnifal*.

Beth fyddai nod y cwmni am 1948 – diddanu, cystadlu, ynteu'r ddau? Mae'n debyg mai diddanu oedd prif amcan y cwmni wrth wneud y dewis, a chael pobl i chwerthin. A fu'r dewis yn un doeth? Os am ateb, rhaid unwaith eto dorri ar rediad amseryddol yr hanes a neidio i nos Wener, Rhagfyr 3, 1948. Y noson honno perfformiwyd *Y Carnifal* yn Llangaffo a chafwyd yr adroddiad canlynol yn *Y Clorianydd*:

> *Wel, am ddadrithio! Parodd y newydd am ddyfodiad 'Carnifal' i'n bro fesur o chwilfrydedd yn ein mysg, ac nid ydym ni yma wedi colli'n llwyr bob haen o Biwritaniaeth! A dyfalwyd a oedd y paganeiddiwch neis y sydd yn rhedeg yn slei i fannau gwledig Cymru am wthio ei big i mewn i'n brodir dawel ninnau. Nos Wener buom o dan gyfaredd pencampwyr y llwyfan am dros ddwy awr a hanner – yn gweld ac yn clywed math ar dychan a'n pryfociodd drwyddom! Perfformiwyd comedi fuddugol Eisteddfod Genedlaethol Dinbych gan Gwmni Llangefni, o dan gyfarwyddyd Mr. Edward Williams*

'Y CARNIFAL' – 1947-49
Cefn (sefyll) o'r ch. i'r dde: William Jones, John Morris, Ifan Gruffydd, Leslie Hodgkins, Nellie Hodgkins, Will Evans, Emlyn Davies, John T. Jones.
Canol (eistedd): Griffith J. Williams, Hywel Williams, Doris Aethwy-Jones, Edward Williams, Nan Jones, John Cole.
Ffrynt (penlinio): Helen Griffiths, O. Arthur Williams, Eluned Rowlands.

. . . Rhoddodd y cwmni o'u gorau inni, ac ymollwng i actio fel gerbron y miloedd, a chan ein bod yn glir oddi wrth friwiau nid losgwyd mohonom gan yr halen! Cawsom fwynhad difesur ac i bawb a gymer ddiddordeb yng nghelfyddyd drama, yr oedd llawer o addysg a gwersi gwerthfawr . . .

Am y tro cyntaf, ni welwyd Edward Williams yn actio – cyfyngodd ei hun i gynhyrchu yn unig. Rhoddwyd cyfle i amryw o actorion ifanc o'r dref i ymddangos ar lwyfan am y tro cyntaf a hynny yng nghwmni un neu ddau o'r hen 'stalwarts'. Yn groes i draddodiad y cwmni, aethpwyd cyn belled â Phorthaethwy i recriwtio'r cymeriad hoffus John Cole. Ar wahân i'r colurwr, G. J. Williams – ynteu, hefyd, o Borthaethwy – a Nellie Hodgkins o Walchmai, John Cole oedd yr actor cyntaf o du hwnt i gyffiniau tref Llangefni i ymddangos fel aelod o'r cast.

Mae'n rhaid fod cryn hwyl wedi bod ar y dysgu a'r ymarfer dros y gaeaf gan fod y cwmni wedi derbyn amryw o alwadau ar gyfer mis Chwefror – Pwllheli (11), Y Bala (17), Llangoed (26), a Thrawsfynydd (28). Dyma ddechrau ar y crwydro unwaith yn rhagor. Diddorol yw sylwi fod y cwmni wedi perfformio yn Y Bala mor gynnar yn y flwyddyn o ystyried iddo ddychwelyd yno ym mis Tachwedd ar gyfer yr Ŵyl Ddrama flynyddol. Wedi darllen yr amrywiol ohebiaeth yn y Wasg, mae'n amlwg i'r perfformiadau fod yn llwyddiannus iawn. O blith yr holl ohebiaeth sydd ar gael, mae un yn sefyll allan fel esiampl wych o fedr disgrifiadol y cyfnod, sef hon o Drawsfynydd:

> *Ceisio paentio'r lili fuasai i ni ganmol gwmni drama Llangefni pan ymwelasant â Thrawsfynydd nos Sadwrn gan lwyfannu 'Y Carnifal'. Digon dweud iddynt gael tŷ orlawn, derbyniad campus, a chanmoliaeth gwir haeddiannol . . .*
>
> (*Y Rhedegydd*, Mawrth 4, 1948)

NEUADD GYHOEDD, TRAWSFYNYDD

NOS SADWRN, CHWEFROR 28AIN, 1948

"Y CARNIFAL" (Tom H. Richards)

(Comedi Fuddugol Eisteddfod Genedlaethol Dinbych) gan

GWMNI DRAMA LLANGEFNI

Buddugwyr Eisteddfod Genedlaethol 1944, 1945, 1946 a 1947

Cadeirydd—Y Milwriad LEWIS WILLIAMS, C.S., Abermo

Drysau yn agored 6.45. Dechrau, 7.15.

TOCYN 3/- (SEDD CADW). RHIF 644

Elw i Aelwyd yr Urdd.

Tocyn 'Y Carnifal' – Trawsfynydd.

Buan yr ail-ymddangosodd yr ysfa gystadleuol ymysg aelodau'r cwmni. Ar nos Fawrth, Mawrth 9, perfformiwyd *Y Carnifal* fel rhan o drydedd Gŵyl Ddrama Porthmadog. Gyda John Ellis Williams yn beirniadu, cafodd y cwmni ganmoliaeth uchel tra'n ennill y wobr gyntaf, gyda Llangollen yn ail a Bodedern yn drydydd. Diflannodd siom Bae Colwyn i niwl y gorffennol ac, unwaith eto, daeth haul ar fryn.

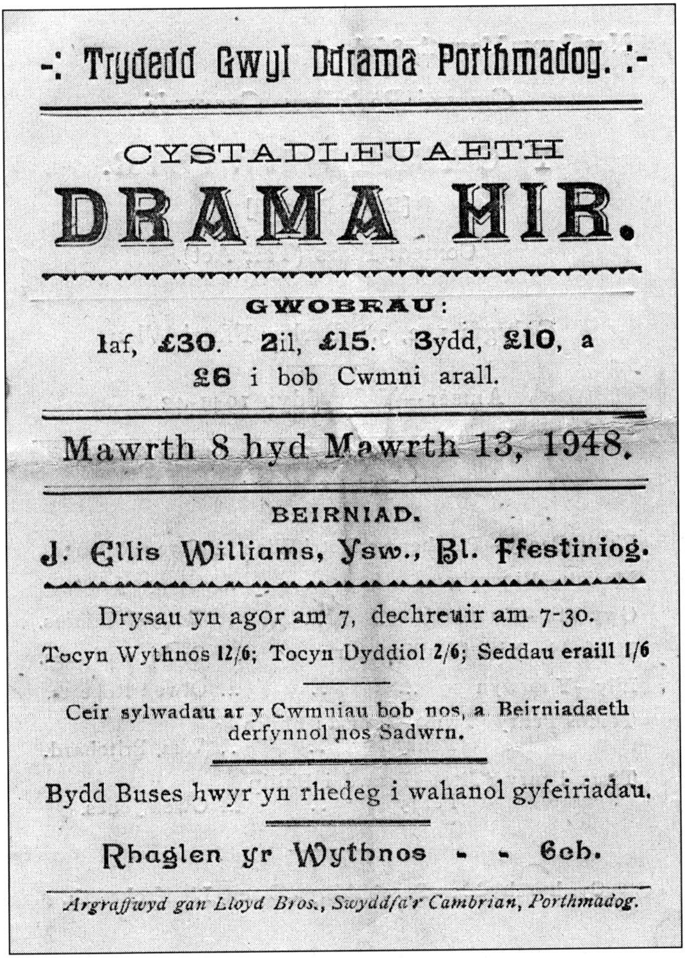

-: Trydedd Gwyl Ddrama Porthmadog. :-

CYSTADLEUAETH

DRAMA HIR.

GWOBRAU:

1af, £30. 2il, £15. 3ydd, £10, a
£6 i bob Cwmni arall.

Mawrth 8 hyd Mawrth 13, 1948.

BEIRNIAD.

J. Ellis Williams, Ysw., Bl. Ffestiniog.

Drysau yn agor am 7, dechreuir am 7-30.

Tocyn Wythnos 12/6; Tocyn Dyddiol 2/6; Seddau eraill 1/6

Ceir sylwadau ar y Cwmniau bob nos, a Beirniadaeth derfynnol nos Sadwrn.

Bydd Buses hwyr yn rhedeg i wahanol gyfeiriadau.

Rhaglen yr Wythnos - - 6ch.

Argraffwyd gan Lloyd Bros., Swyddfa'r Cambrian, Porthmadog.

Rhaglen Porthmadog.

Yr wythnos ddilynol, Mawrth 15-20, cynhaliwyd Gŵyl Ddrama Môn dan nawdd y Cyngor Gwlad, Sefydliad y Merched a'r Mudiad Ieuenctid. Estynnwyd y rhaglen i gynnwys pedair Adran – Agored, Merched, Ieuenctid a'r Ddrama Hir. Er nad oedd mwyach yn cystadlu, fe ymddengys enw Edward Williams fel un o Ofalwyr y Llwyfan gydag un o'i gast, Arthur Owen.

Yn Awst 1948, byddai'r Eisteddfod Genedlaethol yn ymweld â Phenybont-ar-Ogwr, hanner can mlynedd union cyn ei hymweliad diweddaraf â'r ardal ym 1998. Mae'n debyg fod cryn drafod wedi cymryd lle ymysg y cast ynglŷn â chystadlu neu peidio. Penderfynwyd mynd. Yn ddi-os chwaraeodd y ffaith mai Cynan oedd yn beirniadu ran bwysig yn y penderfyniad hwnnw. Felly, ar nos Wener, Ebrill 16, cynhaliwyd y rhagbrawf yn Neuadd y Dref, Llangefni. Byddai'n rhaid aros am y dyfarniad hyd nes i Cynan gwblhau ei daith o gwmpas y wlad yn pwyso a mesur perfformiadau'r wyth cwmni a fentrodd i'r gystadleuaeth.

Yn y cyfamser, diddanu'r bobl oedd nod y cwmni. Ddwy flynedd ynghynt ymwelodd y Cwmni â Llundain gyda *Pen y Daith*, ond ym 1948 daeth cyfle arall iddo ddychwelyd i'r Brifddinas. Derbyniwyd gwahoddiad i ymddangos yn Neuadd Cymdeithas Cymry Llundain gan deithio yno â thrên. Fe gofia Eluned Isherwood (Rowlands gynt) iddynt aros yn y Clwb Cymraeg a chysgu ar welyau haearn wedi eu trefnu mewn dwy ystafell fawr, un ar gyfer y merched a'r llall ar gyfer y dynion. Llwyfanwyd *Y Carnifal* yno ar nos Sadwrn, Ebrill 24:

> *Gellid galw dydd Sadwrn diwethaf yn Ddydd Arwisgo yn y Brifddinas. Ac nid cyfeirio yr wyf at y lluoedd a ddaeth i Lundain o Fanceinion a Blackpool wedi eu harwisgo a rhosynnau ac amryfal hetiau yn lliwiau pleidiol y chwaraewyr am y Cwpan.*[8]
>
> *Cyn belled ag yr oeddym ni Gymry yn y cwestiwn, bu gennym ymwelwyr llawn mor bwysig, onid pwysicach. Daeth Cwmni Drama Llangefni i Neuadd Clwb y Cymry, yn Grays Inn Road i roddi perfformiad a fawr fwynhawyd gan gynhulliad da o Gymry o'r gomedi 'Y Carnifal' . . .*
>
> *A'r ymwelydd pwysig arall – yntau hefyd wedi dod o'r Gogledd (o Brestatyn i fod yn gysact) – oedd Syr Wynn*

LONDON WELSH ASSOCIATION
LIMITED

President . .	Sir WYNN P. WHELDON, D.S.O.
Chairman	H. O. HARRIES, Esq.
Vice-Chairman . . .	W. IDRIS HUGHES, Esq.
Treasurer	R. A. MILLS, Esq.
Secretary	V. J. LEWIS, Esq.
Financial Secretary	G. R. JONES, Esq.

"Y CARNIFAL"

(TOM H. RICHARDS)

gan

Gwmni Drama Llangefni

Sadwrn, Ebrill 24, 1948

Llywydd :

Sir Wynn P. Wheldon, D.S.O.

ARRANGED BY THE HALL FUNCTIONS COMMITTEE

Chairman : H. O. HARRIES, Esq.

Hon. Secretary : Miss MARGARET WILLIAMS

Rhaglen Llundain.

Wheldon, llywydd newydd Cymdeithas Cymry Llundain. Yn un o'r ysbeidiau rhwng yr actio, ymddangosodd Syr Wynn ar y llwyfan i'w arwisgo a chadwyn a bathodyn hardd ei swydd . . . (*Reynolds News*)

Yn nechrau Mehefin, wedi hir ymaros, derbyniwyd dedfryd Cynan:

Llongyfarchiadau i Gwmni Drama Llangefni ar gyrraedd y prawf terfynol yn yr Eisteddfod Genedlaethol a gynhelir ym Mhen-y-Bont ar Ogwr. Dyma'r pumed tro yn olynol i'r cwmni gyrraedd y 'final', a mawr glod i'r aelodau a'u cynhyrchydd, Mr. Edward Williams. Y ddau gwmni arall yn eu herbyn fydd Pontrhydyfen a Resolfen. Rhoddodd y cwmni fri ar y dref yn y gorffennol, ac er na ddygasant y wobr flaenaf o'r Brifwyl y mae eu llwyddiant cyson yn y cystadleuthau caled yn profi bod iddynt safon uchel . . .

Ond beth oedd safon y cystadlu? Yn ei sylwadau,[9] hyn ddywed Cynan:

. . . Gan fod pob cwmni eisoes wedi cael ar lafar feirniadaeth fanwl o'r llwyfan . . . dymunwn roddi ychydig nodiadau cyffredinol ar y gystadleuaeth yn y gobaith y cymerir rhai ohonynt i ystyriaeth gan gwmnïau a'u bryd ar gystadlu yn yr Eisteddfod Genedlaethol y blynyddoedd nesaf yma.

1. SAFON Y DRAMÂU. Fel defnydd at brif gystadleuaeth y Ddrama Gymraeg, tila oedd ambell ddrama a ddewiswyd, ac yn gyffredin os tila fyddai'r ddrama tila hefyd fyddai'r cyflwyniad ohoni. Hoffwn weled safon yr Eisteddfod Genedlaethol yn symbylu rhagor o gwmnïau i fod yn uchelgeisiol . . .

2. SAFON Y PERFFORMIADAU. Ni chefais erioed mewn Cystadleuaeth genedlaethol brofiad o wahaniaeth mwy rhwng safon y cwmnïau gorau a safon y cwmni gwaelaf . . .

3. ACTIO A CHYNHYRCHU. Fel pob blwyddyn, yr oedd safon yr actio gan rai unigolion yn uwch na safon y cynhyrchu yn gyffredinol . . . yn arbennig iawn 'Ann o Gefnydfa' yng Nghwmni Pontyates – un o bethau gorau'r gystadleuaeth i gyd.

4. LLWYFANNU. Amrywiai'r llwyfannu . . . yn fawr o ran maintioli ac o ran goleuadau a chynorthwyau. Popeth yn dda, fe gymerth y beirniad hynny i ystyriaeth. Ond nid oes dim – ar lwyfan bach na mawr – yn cyfiawnhau gorlwytho a chelfi na chamosod y rheiny fel y bont yn rhwystr i'r actio . . . Yn aml yr effeithiau mwyaf syml yw'r effeithiau mwyaf argoeddiadol wrth lwyfannu: cynildeb, dychymyg, diffuantrwydd, – y tri hyn . . .

Penderfyniad y Pwyllgor oedd bod tri chwmni i'w dethol gan y beirniad i'r prawf terfynol, o cheid safon, ac nid dau fel a nodwyd yn y testunau. Mae'n dda gennyf dystio bod tri chwmni wedi cyrraedd y safon honno . . .

Cyfle eto! Codwyd gobeithion y cwmni ac aeth y darpariaethau ymlaen yn ddiymdroi. Unwaith yn rhagor, byddai costau sylweddol yn eu wynebu gyda'r daith i Faesteg. I godi arian, rhoddwyd perfformiad yn Neuadd y Dref, Llangefni, ar nos Sadwrn, Gorffennaf 17 – y perfformiad olaf cyn ymddangos yn yr Eisteddfod Genedlaethol ar Awst 4. Cafwyd tŷ llawn a chanmoliaeth uchel.

Y canlyniad? Cipiwyd y wobr gyntaf gan Gwmni Pontrhydyfen (*Pryd o Ddail*, J. D. Miller) a dyfarnwyd Llangefni a Resolfen (*Tarfu'r Colomennod*, Ieuan Griffiths) yn gydradd ail. Ail eto!

A'i dyma 'ben y daith' i Gwmni Drama Llangefni?

Wedi'r fath siomiant, nid syndod fyddai gweld y cwmni'n dirwyn i ben eu gyfraniad sylweddol i fyd y ddrama amatur Gymraeg yn ystod cyfnod anodd. Ond na – aethpwyd ymlaen i gwblhau gaeaf arall prysur iawn. Yn dilyn seibiant haeddiannol yn ystod misoedd Awst a Medi, ymddangosodd y cwmni ar y nos Fercher yng Ngŵyl Ddrama Corwen yn ystod wythnos Hydref 2-9, nid fel rhan o'r gystadleuaeth ond trwy wahoddiad arbennig y pwyllgor. Mae'n amlwg i'r cwmni gael '. . . *hwyl dda a chanmoliaeth am berfformiad gwych*'.

'Roedd rhaglen brysur i'w chwblhau yn ystod y gaeaf gan ymestyn hyd at fis Mawrth, 1949. Yn nhraddodiad *Pen y Daith* daeth crwydro'r Gogledd yn rhan annatod o hanes y cwmni gyda *Y Carnifal*. Gweithio drwy'r dydd, perfformio gyda'r nos a dychwelyd weithiau yn oriau mân y bore a throi allan i weithio'r

GWYL DDRAMA
CORWEN

HYDREF 2—9, 1948

RHAGLEN YR WYTHNOS

Beirniad — CYNAN.

PRIS 6ch.

CORWEN DRAMA FESTIVAL

OCTOBER 2—9, 1948.

PROGRAMME FOR THE WEEK

Adjudicator: CYNAN

PRICE 6d.

DRAMA HIR.—Gwobr 1af, £40; 2il Wobr £25, a £6 yr un i'r Cwmniau eraill.

FULL-LENGTH PLAY.—1st Prize £40; 2nd Prize £25. Runners-up to receive £6 each.

DRAMA FER.—Gwobr 1af, £10; 2il Wobr £5, a £2 yr un i'r Cwmniau eraill.

SHORT PLAY.—1st Prize £10; 2nd Prize £5. Runners-up to receive £2 each.

All the Stage Curtains are very kindly lent by the Meirion Anglo-Welsh Theatre.

Argraffwyd yng Nghorwen yn Swyddfa'r "Cronicl."

Rhaglen Corwen. *(Gweler tudalen 91)*

bore canlynol. Melys iawn yw atgofion Eluned Isherwood o'r cyfnod:

> *Dydw i'n cofio fawr am y ddrama ond mae gennyf atgofion melys iawn am y cast. Yr oeddym yn trafeilio gryn dipyn efo'r 'Carnifal' i leoedd fel Pwllheli, Dolgellau, Caernarfon etc. a John Holland Arms yn ein cludo yn y 'modur hearse'. Pryd hynny y byddai'r ymgomio, gyda Ifan Gruffydd, 'Y Gŵr o Baradwys', yn dweud ei hanes. Mi fyddai aml i stori ganddo yn dechrau "Pan oeddwn i yn cysgu yn Trescawen", ac un noson dyma John Cole (aelod arall o'r cast) yn gofyn yn sobor, "Wnes di rywbeth, Ifan, heblaw cysgu yn Trescawen?" Dodrefnwr o Borthaethwy oedd John Cole ac yn gymeriad hoffus a doniol . . .*

Dyma gyfle i minnau gael dweud fy mhwt. Wedi i Owie Gibson fynd yn 'rhy hen' i chwarae rhan Tomi, cefais i fy nghyfle i actio yn go iawn. Mae'n debyg fod y ffaith fy mod yn fab i'r cynhyrchydd wedi chwarae rhan flaenllaw yn fy nghastio fel babi'r cwmni. Yn ddigon naturiol, atgofion bachgen wyth neu naw oed sydd gen i o'r cyfnod, ond cofiaf yn glir fod gen i lond bocs o deganau ar gyfer y perfformiadau ac mai fy nghyfrifoldeb i oedd ei osod ar ffrynt y llwyfan cyn bob perfformiad. Gan fod y bocs yn cael ei gadw yn fy nghartref yn 21 Maes Hyfryd, cefais bleser di-ben-draw yn 'ymarfer' â'r trwyn mawr coch a'r sbectol ynghyd â chwythu'r amrywiol offer swnllyd oedd ynddo.

Cofiaf, hefyd, fel y byddai un rhan o'r ddrama yn codi arswyd arnaf cyn bob perfformiad. 'Roedd John Cole, mewn tymer drwg, i'm harwain o gwmpas y llwyfan gerfydd fy nghlust. Er fy mod yn ymwybodol ei fod yn gymeriad hoffus tu hwnt, nid oedd yn sylweddoli ei fod yn troi fy nghlust yn ormodol a minnau ddim digon hy i'w ddarbwyllo o'r ffaith! Oedd, 'roedd Y Carnifal yn hwyl ond 'roedd hefyd yn gyfrwng poen i fab y cynhyrchydd. Ond dioddef yn ddistaw bach wnes i.

Y dyddiau hyn, mae'r newyddion yn llawn o ddigwyddiadau ffiaidd a brwnt. Cawn ein hatgoffa fod ein cymdeithas yn dirywio o'i chymharu â'r 'hen amser'. Tybed? Byddai'r cwmni yn trafeilio yn nhacsi mawr du John Holland Arms yn ogystal ag yn 'shooting brake' Emlyn. Ar un achlysur, ac ym mherfeddion nos, cofiaf i ni fod yn trafeilio adref o berfformiad yn rhywle. 'Roeddwn yn eistedd ar sedd ffrynt y 'shooting brake' rhwng Emlyn a Nan Jones. Yn y cefn, yn cysgu, gorweddai dau neu dri o ddynion y cast. Rhywle tua Penmaenmawr neu Llanfairfechan daeth car o'r tu ôl a'n gwthio i fyny'r glaswellt ar ochor y ffordd. Yn fygythiol, ymddangosodd dau ddyn dieithr wrth ddrws Emlyn ond, yn ffodus, bu'r cynnwrf yn ddigon i ddeffro'r dynion yn y cefn. Yr un mor gyflym, rhuthrodd y dieithriaid yn ôl i'w car a diflannu. Beth oedd eu bwriad? Ydy pethau mor wahanol heddiw? Tybed?

'Roedd cryn dipyn o grwydro eto i'w wneud. Yn ystod yr wythnos Tachwedd 6-13, cynhaliwyd Cystadleuaeth Drama flynyddol Y Bala yn Neuadd Buddug, ac ar nos Fawrth, Tachwedd 9, ymddangosodd Cwmni Drama Llangefni mewn cystadleuaeth am y tro olaf (gweler gyferbyn).

Allan o chwech o gwmnïau, daeth Llangefni yn ail am yr ail dro i Gwmni Pontrhydyfen gyda'i berfformiad o *Pryd o Ddail*. Y beirniad oedd John Ellis Williams, ac yn ei golofn *Aelwyd Yr Herald* fel hyn yr eglura ei resymau dros ddyfarnu'r wobr gyntaf i Bontrhydyfen:

BEIRNIADU PERFFORMIAD

Atoch chwi gwmniau drama mewn Mudiadau Ieuenctid, yr ysgrifennaf yn fwyaf arbennig yr wythnos hon . . . Dichon y bydd o ryw gymaint o help ichwi wybod rhywbeth am safbwynt y beirniad o fesur a phwyso'r perfformiadau . . .

. . . Y mae'r gystadleuaeth wedi dechrau ymhell cyn eich perfformiad o'r ddrama, hyd yn oed cyn i chwi ddechrau ei dysgu. Y cam cyntaf a gymerasoch yn y gystadleuaeth oedd eich dewis o ddrama . . .

. . . Weithiau, gall cwmni da roddi perfformiad da o ddrama wael. Weithiau, ceir perfformiad da gan gwmni gwael am fod y ddrama ei hun yn dda. Ond i gael perfformiad da iawn, rhaid wrth ddrama dda, a chwmni da, a chynhyrchydd da.

Pan geir dau gwmni da yn cystadlu yn erbyn eu gilydd, yn aml iawn y dewis o'r ddrama sy'n troi'r fantol. Cefais brofiad o hynny yng Ngŵyl Y Bala eleni . . .

Rhaglen = Pris Chwe Cheiniog

" Mae'r Bala
rhwng
myny ddoedd,
A'r Llyn yn
siglo'i
chrud.

Neuadd
Buddug
Y
BALA

Cystadleuaeth

Drama

Tachwedd 6, 8, 9, 11, 12, 13, 1948

Gwobrau, £40 a Chadair i Gynyrchydd y Cwmni buddugol ; *ail*, £20, a £10 i bob Cwmni aflwyddianus a ymddengys ar y Llwyfan.

Beirniad :

J. Ellis Williams, Ysw., Bl. Ffestiniog

Drysau'n agor am 6.45 ; *Dechrau am* 7.30 *o'r gloch.*
SYLWER—**Nos Sadwrn** (*Tach.* 13) *Agor am* 6, *dechrau am* 7 *o'r gloch.*

Arweinydd am yr Wythnos : **MR. J. M. ROBERTS, Y BALA**

Mynediad i mewn :
Tocyn Wythnos, £1/1/0 a 15/- ; Tocyn Noson, 3/- a 2/6

* * * *

Traddodir Beirniadaeth ar ddiwedd pob Perfformiad a'r Dyfarniad nos Sadwrn

"SEREN," BALA. TEL. 29.

Rhaglen Neuadd Buddug, Tachwedd 1948.

Ychydig iawn o frychau oedd ar yr actio a'r cynhyrchu yn y ddau berfformiad. Os rhywbeth, credaf fod y cynhyrchu yn well gan Llangefni, a'r actio yn fwy gwastad trwyddo. Yn wir, mi af mor bell a dweud y byddai'n anodd cael gwell perfformiad o'r ddrama hon nag a gefais yn Y Bala gan Gwmni Llangefni.

Ond er gwaethaf hyn oll, y perfformiad o 'Pryd o Ddail' gan Gwmni Pontrhydyfen a enillodd y wobr gyntaf. Nid yw hyn yn dweud bod Cwmni Pontrhydyfen yn well cwmni na Chwmni Llangefni. Ni ellir pwyso yr un cwmni ar sail un perfformiad . . .

Ac ni ellir ychwaith feirniadu cwmni ar sail un ddrama. Comedi a chwaraeai Cwmni Llangefni . . ., ond gwelais hwynt cyn hyn yn actio trasiedi yr un mor llwyddiannus. Y mae'n ddigon posibl eu bod yn well cwmni na Chwmni Pontrhydyfen. Ni wn i. Cyn penderfynu hynny, mi ddylaswn weld Cwmni Pontrhydyfen yn actio drama fel 'Y Carnifal'.

Beirniadu'r perfformiadau yw gwaith y beirniad, nid beirniadu'r cwmnïau. Ac wrth feirniadu perfformiad, y mae'n rhaid cymryd y ddrama i ystyriaeth . . .

Dau berfformiad da oeddynt, a'r dewis o ddrama a droes y fantol rhyngddynt . . .

Wedi blynyddoedd o gysylltiadau clos rhwng John Ellis Williams a Chwmni Llangefni ym myd y ddrama, tybed mai geiriau o gysur oedd rhain i'r cwmni? Efallai. Pwy a ŵyr? Fodd bynnag, dyna ddiwedd ar y cystadlu a chyfle bellach i ganolbwyntio ar y diddanu. 'Roedd dau fis prysur i'w wynebu cyn y Nadolig:

Tachwedd	Rhagfyr
9 (nos Fawrth) Y Bala	1 (nos Fercher) Bethesda
11 Caernarfon	3 Llangaffo
17 Rhiwlas	4 Penmachno
24 Criccieth	9 Blaenau Ffestiniog
25 Llanddeusant	11 Llanbrynmair

Cymerwyd seibiant o'r perfformio dros Ŵyl y Nadolig gan ail-gychwyn eto yn Ionawr, 1949, a pharhau gyda'r ddrama hyd

Poster Rhiwlas.

nos Sadwrn, Mawrth 5. Dyma'r dyddiad, Mawrth 5, pryd y perfformiodd Cwmni Drama Llangefni am y tro olaf a hynny yn Neuadd Goffa Llanbedr a Thalybont. Cyrhaeddwyd 'pen y daith'.

* * *

Ond nid dyma ddiwedd cysylltiadau tref Llangefni â'r ddrama Gymraeg. Yn hytrach, dyma ddechrau cyfnod newydd. Daeth i ben yr hen draddodiad o fynd â'r ddrama at y bobl ac o hyn ymlaen disgwylid i'r bobl ddod at y ddrama. Hefyd, nid Cwmni Drama Llangefni fyddai canolbwynt y gweithgareddau i'r dyfodol ond, yn hytrach, Cymdeithas Ddrama Llangefni a fyddai'n cael ei rheoli a'i gweithredu gan bwyllgor swyddogol, etholedig.

Yn nechrau Hydref 1949, cynhaliwyd cyfarfod cyhoeddus yn Neuadd y Sir:

> *. . . i drafod y cwestiwn o ail-ffurfio Cymdeithas Ddrama yn y dref a fu mor llwyddiannus yn ystod blynyddoedd y rhyfel. Mr. Dewi Llwyd Jones, trefnydd drama y sir, a gychwynnodd y mudiad y tro yma . . .*
>
> *Yn y lle cyntaf oll nid amcenir ymyrryd yng ngwaith unrhyw gwmni drama yn yr ardal . . . I'r gwrthwyneb, tir cyfarfod yw, lle bydd yn bosibl i bawb â diddordeb mewn drama ymgynnull i drafod eu hanawsterau a dysgu trwy wrando ar arbenigwyr o leoedd eraill . . . nos Fercher, Hydref 12, yn Neuadd y Sir . . . pan fydd Mr. Fisher yn siarad am y ddrama 'Catrin' oedd yn fuddugol yn yr Eisteddfod Genedlaethol eleni.*[10] *Gobeithir y llwyfannu'r ddrama hon ymhellach ymlaen . . .* (*Clorianydd*, Hydref 5)

Go brin fod Edward Williams wedi ymaelodi â'r Gymdeithas Ddrama! Er fod sicrwydd wedi ei fynegi yn gyhoeddus na fyddai'r Gymdeithas yn '*. . . ymyrryd yng ngwaith unrhyw gwmni drama yn yr ardal . . .*', go brin y byddai hi'n bosibl cadw'r addewid hwn cyn belled ag 'roedd cwmni drama'r dref yn y cwestiwn. Byddai gwrthdaro'n anochel.

Ymhen rhyw fis, ymddangosodd yr ohebiaeth ganlynol yn y *Clorianydd* (Tachwedd 9):

> *Y mae'n amlwg bod Cymdeithas Ddrama Llangefni yn fywiog iawn . . .*
>
> *Gwyddys gan bawb nad oes ond un chwaraedy Cymraeg yng Nghymru hyd yn hyn, a hwnnw yng Ngarthewin . . .*

Dyma'r awgrym cyntaf o'r symudiad i sefydlu'r Theatr Fach yn Llangefni. Ar nos Fawrth, Mai 3, 1955, agorwyd y Theatr Fach yn swyddogol, ac:

> *. . . Yn ystod yr wythnos agoriadol sefydlwyd un o egwyddorion pwysicaf y Theatr – iddi fod yn theatr hollol ddwyieithog gyda drama Gymraeg a Saesneg yn cael eu cyflwyno bob yn ail. Yn ystod yr wythnos gyntaf, hefyd, gosodwyd patrwm am waith i'r dyfodol. Cyflwynwyd dramâu hir o*

'DWY FRÂN DDU' – 1956

ch. i'r dde (sefyll): Bill Hughes, Kitty Owen, O. R. Hughes, Diana R. James, Stanley Jones, Olwen Hughes, Owen Parry, Olwen Evans, Gwilym Lloyd Roberts, Ceri Hughes, William Evans. *Ffrynt (eistedd):* Edward Williams. *(Gweler tudalen 100) ganlyniad i awydd y gynulleidfa am weithiau o safon a bu hyn i gyd yn gyfrwng i fagu actorion a dramodwyr amlwg yng Nghymru a thu hwnt . . .*[11]

* * *

Yn ystod y 1950au cynnar, ymgymerodd Edward Williams â hyfforddi cwmnïau'r Aelwyd yn y dref yn ogystal â rhannu ei brofiad â chwmnïau bach y wlad, fel Cwmni Penucheldref. Prin iawn fu ei gysylltiadau â'r Gymdeithas Ddrama ond, ym 1956, cafodd wahoddiad i gynhyrchu'r gomedi bedair act *Dwy Frân Ddu*[12] yn y Theatr Fach. Derbyniodd y gwahoddiad a chafwyd tŷ llawn bob nos yn ystod yr wythnos Mawrth 13-16. O ganlyniad, gwnaethpwyd cais am gael ymestyn y perfformiadau i'r wythnos ganlynol. Fe'i gwrthodwyd, a throdd Edward Williams ei gefn ar fyd y ddrama yn gyfangwbl.

1. Owen Williams oedd y Llywydd ar y nos Sadwrn.
2. *Codi'r Llen*, Hywel Teifi Edwards, Gwasg Gomer 1998, tud. 16.
3. ibid., tud. 82-83.
4. Cyfansoddiadau a Beirniadaethau Eisteddfod Genedlaethol Llandybie 1944, tud. 198-199.
5. Cyfansoddiadau a Beirniadaethau Eisteddfod Genedlaethol Bangor 1943, tud. 178-184.
6. Cyfansoddiadau a Beirniadaethau Eisteddfod Genedlaethol Rhosllannerchrugog 1945, tud. 163-165.
7. Cyfansoddiadau a Beirniadaethau Eisteddfod Genedlaethol Bae Colwyn 1947, tud. 251.
8. I'r sawl sydd â diddordeb, Manchester United gipiodd y Gwpan drwy guro Blackpool o bedair gôl i ddwy.
9. Cyfansoddiadau a Beirniadaethau Eisteddfod Genedlaethol Penybont-ar-Ogwr 1948, tud. 241-243.
10. Cyfansoddiadau a Beirniadaethau Eisteddfod Genedlaethol Dolgellau 1949. Beirniadaeth Mary Lewis ar gyfansoddi Drama Hir Gymraeg, tud. 221-227.
11. *Deugain Mlynedd o Droedio'r Byrddau*, J. R. Williams, Mai 1995, tud. 12.
12. *Dwy Frân Ddu*, Trosiad J. Ellis Williams o gomedi E. Eynon Evans.

CLOI

Unwaith eto, dyma fenthyca teitl pennod olaf o nofel T. Rowland Hughes, 'O Law i Law'.

Ymgais yw'r gyfrol i olrhain hanes Cwmni Drama Llangefni ac nid, o reidrwydd, i dalu teyrnged i berson neu bersonau arbennig. Fodd bynnag, anodd fyddai cloi yr hanes heb roi peth cydnabyddiaeth i gyfraniad dau unigolyn. Yn sicr, anghyflawn fyddai'r hanes heb wneud hynny. Mae'n amhosibl datgysylltu Cwmni Drama Llangefni ag enwau Doris Aethwy-Jones ac Edward Williams. Dyma'r ddau fu'n gysylltiedig â'r cwmni o'r dechrau – y ddau a brofodd lawenydd a siomiant, hapusrwydd a thristwch ym myd actio amaturaidd.

Ymddangosodd Doris ar lwyfan drama am y tro cyntaf yng nghynhyrchiad Owen Williams o'r ddrama *Jac Martin* ym 1930, a bu'n aelod ffyddlon a chyson o'r cwmni dros y blynyddoedd. Wedi'r holl siomedigaethau ar lefel cenedlaethol, cafodd Doris ei gwobr. Symudodd gyda'i gŵr, rheolwr banc, o Langefni i Bwllheli, ac ymaelododd â Chwmni Drama Glan-y-Môr. Yn Awst 1954, cipiodd y cwmni y wobr gyntaf yn Eisteddfod Genedlaethol Ystradgynlais gyda'i berfformiad o'r ddrama *Y Machgen Gwyn I.* Hyd ei marwolaeth yn Ionawr 2000, bu'n byw gyda'i hatgofion mewn cartref preswyl cyfforddus yng Nghaer.

Ond beth am Edward Williams? Mae tueddiad i bobl anghofio ei gyfraniad i'r ddrama amatur Gymraeg gan iddo amlygu ei hun fel arweinydd eisteddfodau ac hyfforddwr adrodd. Nid oedd yn hoff o'r term 'llefaru'! A dweud y gwir, ychydig o bobl sy'n ymwybodol o'i gysylltiadau a'i gyfraniad i'r ddrama dros gyfnod mor faith. Yn dra gwahanol i Doris, ni chafodd Edward brofi buddugoliaeth ym myd y ddrama ar lefel cenedlaethol, a bu hyn yn siomiant mawr iddo. Ond, wedi troi ei gefn ar y ddrama ym Mawrth 1956, derbyniodd yntau ei wobr fwy nac unwaith yn ystod y blynyddoedd canlynol. Ar lefel cenedlaethol, bu'n arweinydd, yn feirniad adrodd ac yn hyfforddwr llwyddiannus i unigolion a phartïon dros ystod eang o oedran. Derbyniwyd ef i'r Orsedd yn Eisteddfod Llandudno ac fe'i anrhydeddwyd â'r wisg wen yn Eisteddfod Abertawe. Yn Eisteddfod Genedlaethol Y Rhyl ym 1985, cyrhaeddodd ei binacl personol drwy dderbyn Gwobr Goffa Syr T. H. Parry-Williams o law ei weddw, Y Foneddiges Amy Parry-Williams. Yn ystod y seremoni honno, cyfeiriwyd at ei record o dderbyn yr ail wobr bum gwaith yn olynol yng nghystadleuaeth actio drama yn yr Eisteddfod Genedlaethol rhwng 1944 a 1948. Go brin fod hynny'n ei boeni y diwrnod hwnnw.

Wrth gloi, sut mae pwyso a mesur cyfraniad Edward Williams i Gwmni Drama Llangefni ac i'r ddrama amatur Gymraeg yn gyffredinol?

Dyma ymateb pedwar o'i gyfoedion:

> *Bu cyfraniad Edward Williams yn ddi-derfyn o'r dechrau. 'Roedd ei frwdfrydedd yn heintus. Soniai lawer am y ddrama a gwyddai am holl gwmnïau Cymru. Bu ei hyfforddiant i actorion unigol yn eu llefaru, eu hystum a'u symudiadau yn wyrthiol, a manteisiodd ei gwmni o'r hyfforddiant yma. Gallai ddehongli cymeriadau ei gwmni yn y math ffordd y gellid credu ynddynt.* J. O. Jones (1998)

> *Yr oedd Edward Williams yn gynhyrchydd llwyddiannus iawn a hynny nid yn unig am ei allu i ddehongli drama, ond hefyd am ei ddawn i gael y gorau allan o'r actorion. Un da am ganmol ond yn medru bod yn llym pan bod eisiau. 'Roedd o yn ŵr hoffus a'r cast i gyd yn gwneuthur eu gorau iddo fo.*
> Eluned Isherwood (1998)

> *Dyn y wlad oedd Edward Williams ac wedi ei ddwyn i fyny yn nhraddodiad ei gyfnod – wedi mynd yn syth o'r ysgol fach i 'weini ffarmwrs'. Yn naturiol iawn, iaith a delweddau ffermio fyddai'n brigo i'r wyneb o dan bob amgylchiad. Er enghraifft, fe ddisgrifiai gymeriad oedd wedi camu gymaint gan anhwylder y cefn, a dweud ei fod o 'fel pric cynnull' – y teclyn hwnnw y byddai ffermwyr yn ei ddefnyddio i 'gynnull'*

yr ŷd yn sypiau hwylus ar gyfer eu gwneud yn ysgubau.

Cofiaf fod mewn ymarfer drama pan ddigwyddodd pump neu chwech o gymeriadau'r ddrama, oedd yn digwydd bod ar y llwyfan 'ru'n pryd, fod yn sefyll mewn un llinell syth wrth fynd ymlaen â'r actio. Fel y gwyddoch, mae lleoliad person ar lwyfan yn chwarae rhan bwysig ynddo'i hun. Rhaid i grŵp sy'n ymddangos ar yr un pryd yn y ddrama sefyll mewn mannau dewisedig i wneud y gwaith yn effeithiol. Pru'n bynnag am hynny, 'roedd y cyfan o'r actorion wedi sefyll yn llinell syth ar draws y llwyfan. Gwaeddodd y cynhyrchydd ar draws a dweud, "Sawl gwaith sydd isio deud wrtha chi am beidio sefyll fel lein. Nefoedd annw'l, 'da chi ru'n fath yn union a phricia toi ar das ŷd!"

William Evans (1998)

Treuliais oriau difyr, llawn gwaith a hwyl, fel aelod o Gwmni Drama Llangefni – Cwmni Ned Siop Gray, neu Edward Williams fel mae pobl Cymru yn ei 'nabod bellach . . .

. . . 'Roedd eich tad yn dipyn o fos arnom ni – 'roedd yn rhaid iddo er mwyn cael siâp ar y gwaith yn sydyn. Byddai yn colli ei dymer a'i amynedd ar adegau, yn enwedig os byddent heb ddysgu eu geiriau. Chwarae teg, nid cynhyrchydd yn unig oedd o, ond actiwr a threfnydd amserau yr ymarferiadau a'r perfformiadau . . .

. . . Wrth feddwl yn ôl, 'roedd eich tad yn un a ddylanwadodd er daioni ar fy mywyd a'i wneud yn un llawnach a hapusach. Drama oedd y 'petha' i ni fel Cwmni 'radeg hynny. 'Roeddem yn griw hapus, yn llawn hwyl ond reit fentrus hefyd . . . Myfanwy Jarman (1999)

Bu farw Edward Williams yn Ionawr 1992, a William Evans fu'n talu'r deyrnged iddo.

Dyna hanes Cwmni Drama Llangefni.
Caiff yr hysbyseb hon droi'r goriad yn y clo:

Eisoes y mae disgwyl mawr am y Cwmni enwog o Langefni i berfformio'r 'Carnifal' yn y Forum wythnos i nos Iau nesaf. Y mae'r cwmni hwn yn enwog drwy Gymru ac wedi ennill y wobr gyntaf mewn llawer i gystadleuaeth o fri. Anogir bawb sydd a'i fryd ar weled a chlywed y ddrama i sicrhau ei docyn ar unwaith. Nid oes llawer yn weddill.

(*Y Rhedegydd*, Blaenau Ffestiniog, Rhagfyr 9, 1948)

ATODIADAU

Y DRAMÂU

1. 'JAC MARTIN' (Parch. Tywi Jones) 1930-31
   Drama pedair act (13d 7m) ac eraill
   Caerfyrddin: W. M. Evans a'i Fab, 1913
   (Teitl arall yw 'POBL LLANDDERWYDD')
   18 golygfa

   Y Cast:

Morus Morus	–	Cledwyn Shaw
Elin Morus	–	Gwennie Williams
Huw Morus	–	T. D. Roberts
Matthew Martin	–	Roland M. Williams
Mari Martin	–	Nest M. Roberts
Jac Martin	–	Edward Williams
Tomos Sparcer	–	Arthur Owen
Robert Sparcer	–	Norman Jones
Sian Huws	–	Doris Roberts
Ned Huws	–	Norman Jones
Huw Roberts	–	Cledwyn Shaw
Sergant Catshem	–	William Jones
Morgan Rhys	–	Idwal Roberts
William Owen	–	R. Emrys Williams
Rebecca Meurig	–	Marian Foulkes
Rhiannon Meurig	–	Ceinwen Roberts
Ann Dafis	–	Nest Edwards
Mrs. Edwards	–	Kitty Hughes
Heddwas arall	–	Cledwyn Shaw
Tafarnwr	–	T. D. Roberts
ci	–	eiddo Mr. Withenshaw

2. 'HELYNT A HEULWEN' (W.D.P. Jones) 1931-32

   Y Cast:

Wmffra Jones	–	Arthur Owen
Ifan Huws	–	Edward Williams
John Griffith	–	Norman Jones
Tomos Dafis	–	Robert Roberts
Vaughan Lloyd	–	Idwal Roberts
W. Hughes Parry	–	William Jones ieu.
Bob Williams	–	Roland M. Williams
Betsan Jones	–	Marian Foulkes
Mary Elen	–	Kitty Hughes
Gwen Huws	–	Megan Hughes

3. 'Y PWYLLGORDDYN' (John Ellis Williams) 1932

Comedi tair act (5d 1b 3m)

Blaenau Ffestiniog: J. D. Davies 1931

Llundain: Samuel French Cyf. (o 1933 ymlaen)

Cymeriadau:

Jim Huws (35)
Lizzie Huws, ei wraig (28)
Robin, plentyn amddifad (9)
Jemima Jones, chwaer Lizzie (36) Ni wyddys y castio
Balaclava Jones, gŵr Jemima (45)
Ned Puw, cyfaill Jim (32)
Shadrach Ifans, pen blaenor (65)
D'ewyrth Tomos (63)
Modryb Mali (60)

4/11. 'PEN Y DAITH' (John Ellis Williams) 1932-33 a 1946-47

Drama tair act (6d 3m)

Llundain: Samuel French Cyf. 1932

Y Cast:

	1932-33	1946-47
Jenny Owen	Doris Roberts	Myfanwy Owen
Wil Pirs	Idwal Roberts	R. Aethwy Jones
Mari Owen	Mrs. W. O. Jones	Doris Davies-Jones
Tomos Huws	William Jones ieu.	Hywel Williams
Sara Puw	Kitty Hughes	Nell Hodgkins
Dafydd Owen	Norman Jones	Maelgwyn Jones/William Evans
Ishmael Ifans	R. R. Roberts	T. Charles Simpson
Bob Huws	Edward Williams	Edward Williams
Huw Owen	Arthur Owen	Arthur Owen

5. 'FFORDD SERA PARRI' (R. D. Morris, Coedpoeth) 1933-34

Comedi pedair act

Bala: Yr Awdur, arg. Gwasg Y Bala

Y Cast:

Meri Dafis	–	Mrs. W. O. Jones
Miriam	–	Eirlys Williams
Sera Parri	–	Doris Roberts
Gwen	–	Mair Jones
Ellis	–	William Jones
Bila Dafis	–	Arthur Owen
Lias Parri	–	Edward Williams
Mr. Twidilig	–	Idwal Roberts
Foulkes	–	William Jones

Enoc Tomos	–	R. R. Roberts
Ann Tomos	–	Nest M. Roberts
Elin Dafis	–	Kitty Hughes
Sam	–	Idwal Roberts
Jacco Dafis	–	Owen Williams

6. 'DIRGEL FFYRDD' (Ieuan Griffiths) 1935
   Comedi tair act (3d 5m)
   Gwasg Aberystwyth: 1933 a 1935
   Y Cast:

William Davies	–	Arthur Owen
Jane Davies	–	Ceri Jones
William	–	Glyn Davies
Gwen	–	Jennie Davies
Elin	–	Mair Chambers Hughes
Tomos Hughes	–	W. H. Parry
Mrs. Rees	–	Kitty Hughes
Olwen Rees	–	Eirwen Pugh Jones

7. 'YR YMADAWEDIG' (cyf. R. Ellis Jones o ddrama W. S. Houghton 'The Dear Departed') 1942
   Comedi un act (3d 3m)
   Samuel French Cyf. 1929
   Cymeriadau:

Mrs. Slater	Gan na wyddys y castio fe nodir
Henry Slater	enwau'r actorion:
Victoria	Nell Hodgkins, Mrs. Prys Owen,
Mrs. Jordan	Mrs. Enid M. Jones, Miss Betty Howell,
Benjamin Jordan	Ifan Gruffydd, T. C. Simpson,
Abel Merryweather	Edward Williams

8. 'Y BLAIDD DDYN' (F. G. Fisher) 1944
   Drama un act (4d 3m)
   Gwasg Gee, Dinbych 1944
   Y Cast:

Yr Arglwyddes Rhiannon	–	Eirwen Williams
Mair	–	Myfanwy Owen
Twm Weunbwll	–	Edwin Davies
Dic 'Refail	–	John R. Jones
Gwraig y Dafarn	–	Doris Davies-Jones
Sion y Pant	–	T. Charles Simpson
Geraint ap Gwilym	–	Edward Williams

9. 'WEDI'R DRIN' (John Ellis Williams) 1944-45
Comedi tair act (5d 4m)
Llyfrau'r Dryw, Llandybie 1943

Y Cast:

Elin Hughes	–	Nell Hodgkins
Mair Edwards	–	Doris Davies-Jones
Mrs. Albert Jenkins	–	Eirwen Williams
Harri Edwards	–	R. Aethwy Jones
Ned Evans	–	Charles Williams
Syr Huw Price	–	Edward Williams
Albert Jenkins	–	Hywel Williams
Lilian Price	–	Myfanwy Owen

hefyd – Menna Williams a John Jones

10. 'LLUEST Y BWCI' (D. Mathew Williams) 1945
Drama un act (5d)
Gwasg Aberystwyth 1931

Cymeriadau:

Shiams – ffermwr	Gan na wyddys y castio nodir
Ifan – ffermwr	enwau'r actorion:
Dai – pysgotwr	T. D. Roberts, Hywel Williams,
Ianto – pysgotwr	Gwilym S. Roberts, Charles Williams,
Shincyn – landlord y dafarn	Edward Williams

12. 'Y BRODYR' (John Gwilym Jones) 1947
Drama tair act (6d 3m)
Gwasg y Brython, Lerpwl 1935

Y Cast:

Syr William (enaid)	–	Hywel Williams
Ianto (enaid)	–	Edward Williams
Mali (enaid)	–	Doris Davies-Jones
Alun (enaid)	–	John Huws
Jane Owen	–	Nan Jones
Gwen (ei merch)	–	Myfanwy Owen
Idris (ei mab)	–	William Evans
Dr. Ellis Price Evans	–	Arthur Owen
Newyddiadurwr	–	T. C. Simpson

13. 'Y CARNIFAL' (Tom H. Richards) 1948-49

Comedi tair act (6d 4m)

Gwasg Gee, Dinbych 1939

Y Cast:

Sam Morgan	–	John H. Cole
Ann Morgan	–	Nan Jones
Helen	–	Myfanwy Owen/Eluned Rowlands
Tomi	–	Owie Gibson/Arthur Williams
Mrs. Mari Parry	–	Doris Davies Jones
Lyn Parry	–	John Morris
Jim Morgan	–	Hywel Williams
Fred Edwards	–	Leslie Hodgkins
Ms. Margaret Stevens	–	Nellie Evans
Wil Morris	–	Ifan Griffith

TLWS Y DDRAIG

Cyflwynwyd ym 1920-21 gan: 'Undeb Neuaddau a Chymdeithasau Pentrefol Môn' ar gyfer 'Cystadleuaeth Chwarae Drama' fel tlws i'w ddal am flwyddyn.

Fe'i cyflwynwyd am y tro olaf yn ystod Gŵyl Ddrama Eisteddfod Môn, Caergybi, Ebrill 1997, yn yr Adran Agored am berfformiad o ddrama 'un act na chymer fwy na 40 munud'. Erbyn hyn mae'n cael ei storio yn Oriel Môn, Llangefni.

Llythyr oddi wrth Hefin Wyn Jones (Prifathro'r Ysgol Gynradd) yn llongyfarch y Cwmni ac yn dymuno'n dda iddo yn Aberpennar:

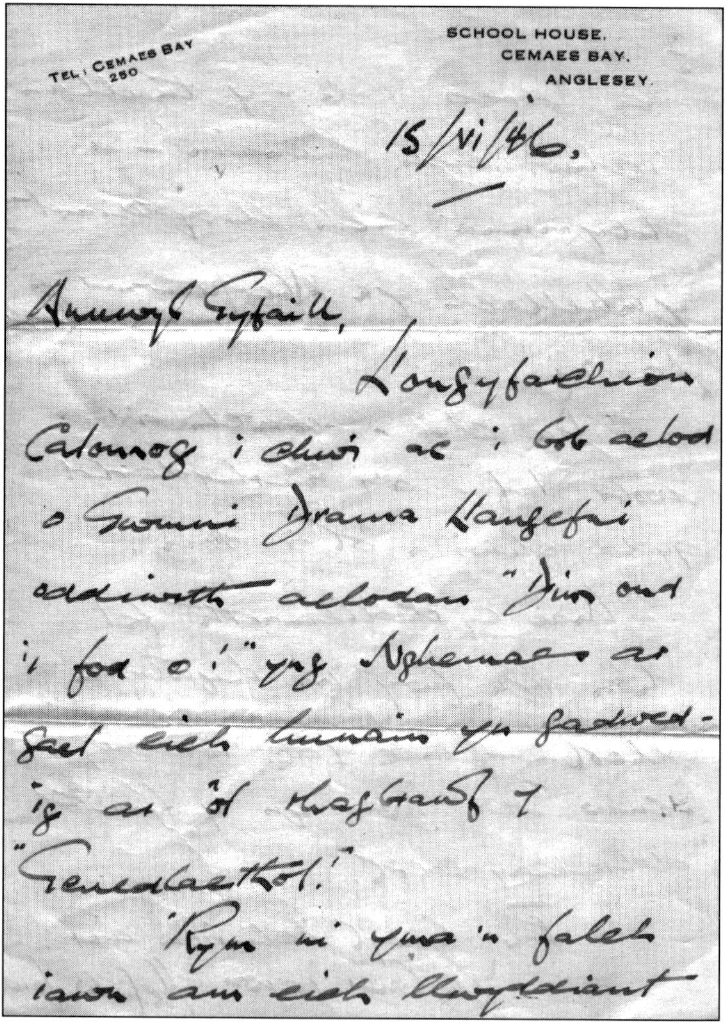
TEL: CEMAES BAY 250

SCHOOL HOUSE,
CEMAES BAY,
ANGLESEY.

15/vi/46.

Annwyl Gyfaill,

Llongyfarchion calonnog i chwi ac i bob aelod o Gwmni Drama Llangefni oddiwrth aelodau "Dim ond i fod o'i" yng Nghemaes ar gael eich hunain yn gadwedig ar ôl rhagbrawf y "Genedlaethol".

'Rym ni yma 'n falch iawn am eich llwyddiant

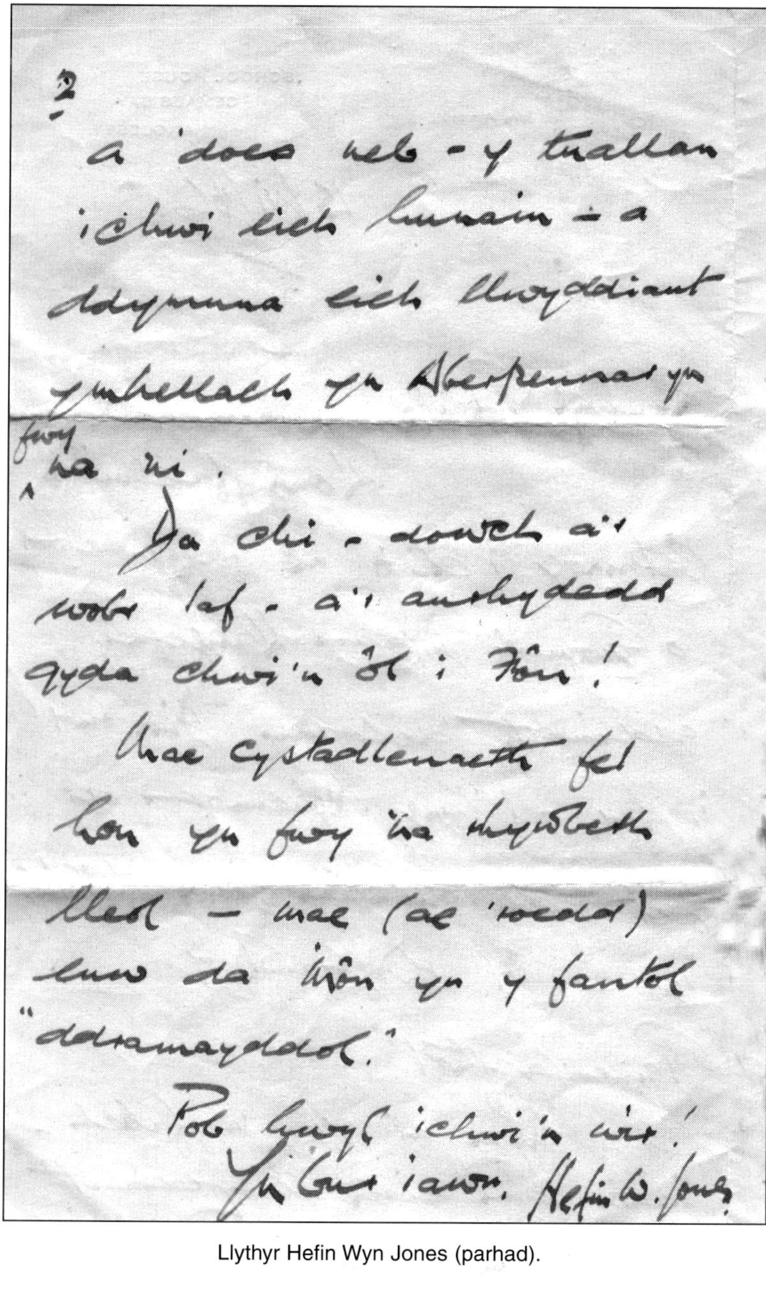

2

a 'does neb - y tuallan
i chwi eich hunain - a
ddymuna eich llwyddiant
ymhellach yn Aberpennar yn
fwy na ni.

Da chi - dowch a'r
wobr 1af - a'r anrhydedd
gyda chwi'n ôl i Fôn!

Mae cystadleuaeth fel
hon yn fwy na digwyddiad
lleol - mae (ac 'roedd)
enw da Môn yn y fantol
"ddramayddol."

Pob hwyl i chwi'n wir!
Yn bur iawn, Hefin W. Jones

Llythyr Hefin Wyn Jones (parhad).

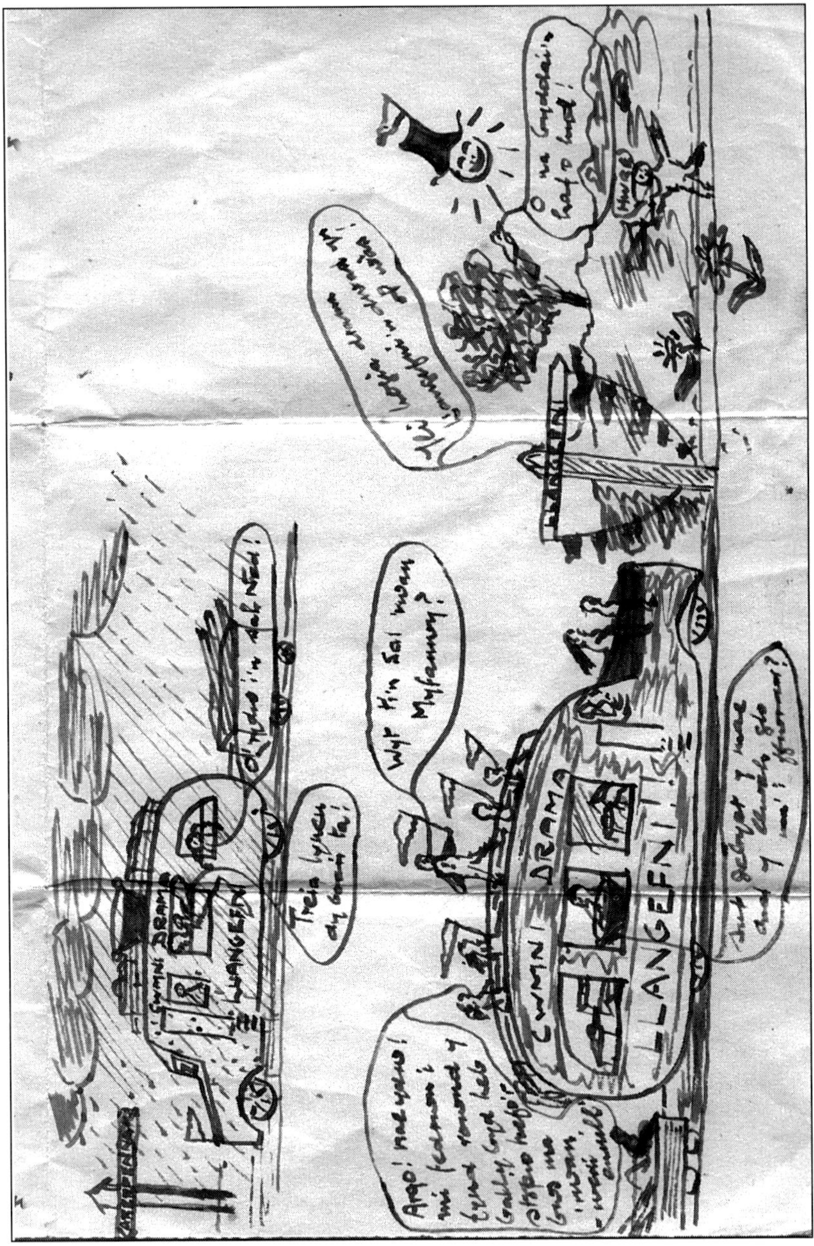

Llythyr Hefin Wyn Jones (parhad).

Gohebiaeth oddi wrth R. D. Parry (Prifathro'r Ysgol Gynradd) ynglŷn â pherfformiad o *Pen y Daith* yn Amlwch ar nos Wener, Medi 13,1946:

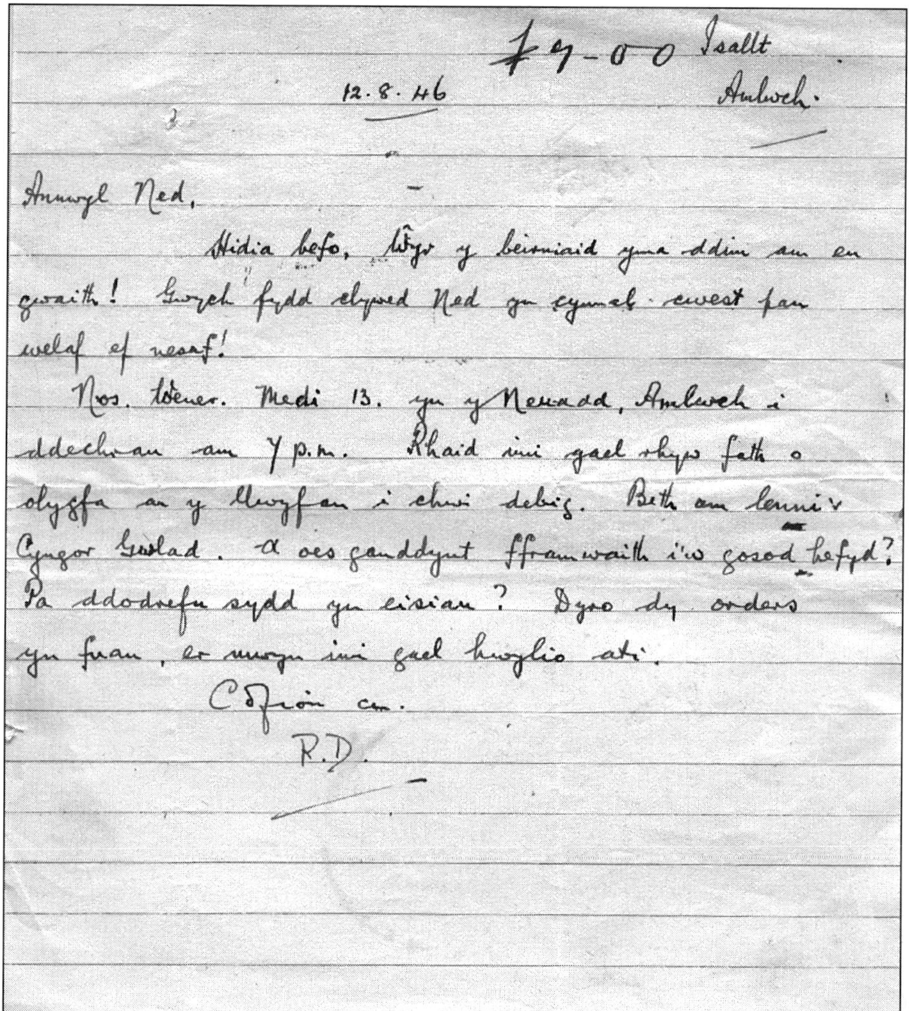

£7-0-0 Isallt
12.8.46 Amlwch.

Annwyl Ned,

Hidia befo, Wŷr y beirniaid yma ddim am eu gwaith! Gwych fydd clywed Ned yn cymal-cwest pan welaf ef nesaf!

Nos. Wener. Medi 13. yn y Neuadd, Amlwch i ddechrau am 7 p.m. Rhaid inni gael rhyw fath o olygfa ar y llwyfan i chwi debig. Beth am lenni'r Cyngor Gwlad. A oes ganddynt fframwaith i'w gosod hefyd? Pa ddodrefn sydd yn eisiau? Dyro dy orders yn fuan, er mwyn inni gael hwylio ati.

Cofion cu.

R.D.

Gohebiaeth oddi wrth J. M. Roberts ynglŷn â pherfformiad o *Pen y Daith* yn Y Bala ar nos Sadwrn, Tachwedd 16, 1946:

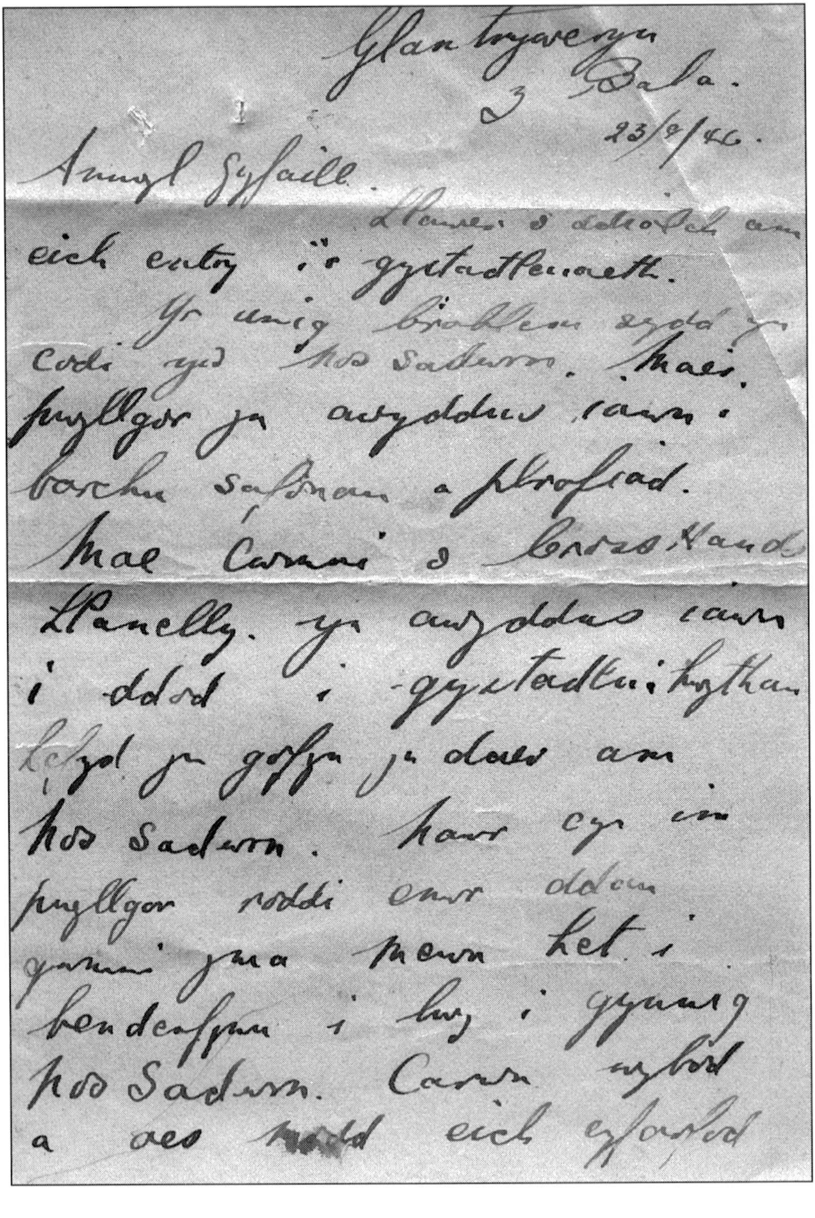

Glantryweryn
Y Bala.
23/9/46.

Annwyl Gyfaill.
Llawer o ddiolch am eich entry i'r gystadleuaeth.
Yr unig broblem sydd yn codi yw'r nos Sadwrn. Mae'r pwyllgor yn awyddus iawn i barchu safonau a phroffesiad.
Mae Cwmni'r Cross Hands Llanelly yn awyddus iawn i ddod i gystadleuaeth hefyd yn gofyn yn daer am nos Sadwrn. Nawr cyn i'r pwyllgor roddi unrhyw addewid i gwmni yma mewn het i benderfynu i bwy i gynnig nos Sadwrn. Carwn wybod a oes modd eich cyfarfod

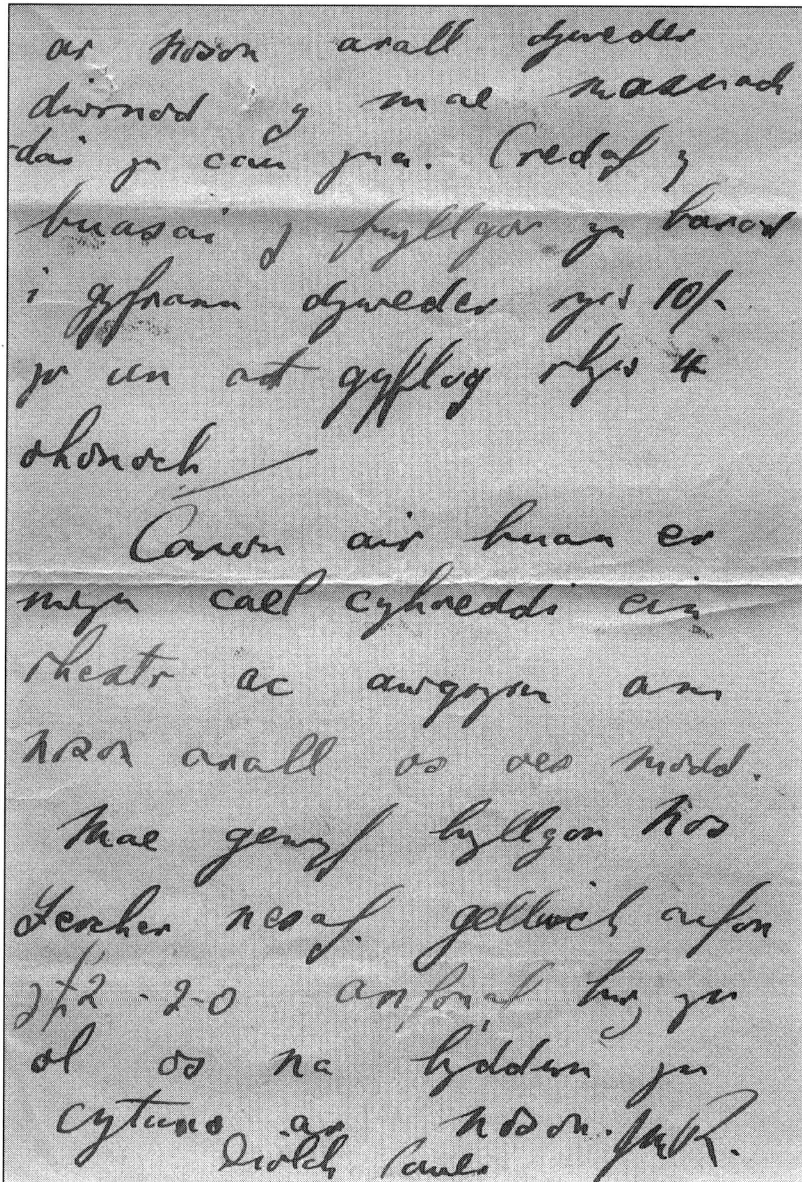
ar noson arall dywedir
dwrnod y mal maddeuad
dai yn cau yna. Credaf y
buasai y pwyllgor yn barod
i gyfrannu dywedir tua 10/-
yr un at gyflog rhyw 4
ohonoch
Carwn air buan er
mwyn cael cyhoeddi ein
theatr ac awgrym am
noson arall os oes modd.
Mae genyf bwyllgor nos
Iau nesaf. gellwch anfon
£2-2-0 anfonaf hwy yn
ol os na byddem yn
cytuno ar noson. JMR.
Diolch Cawl

Gohebiaeth J. M. Roberts (parhad).

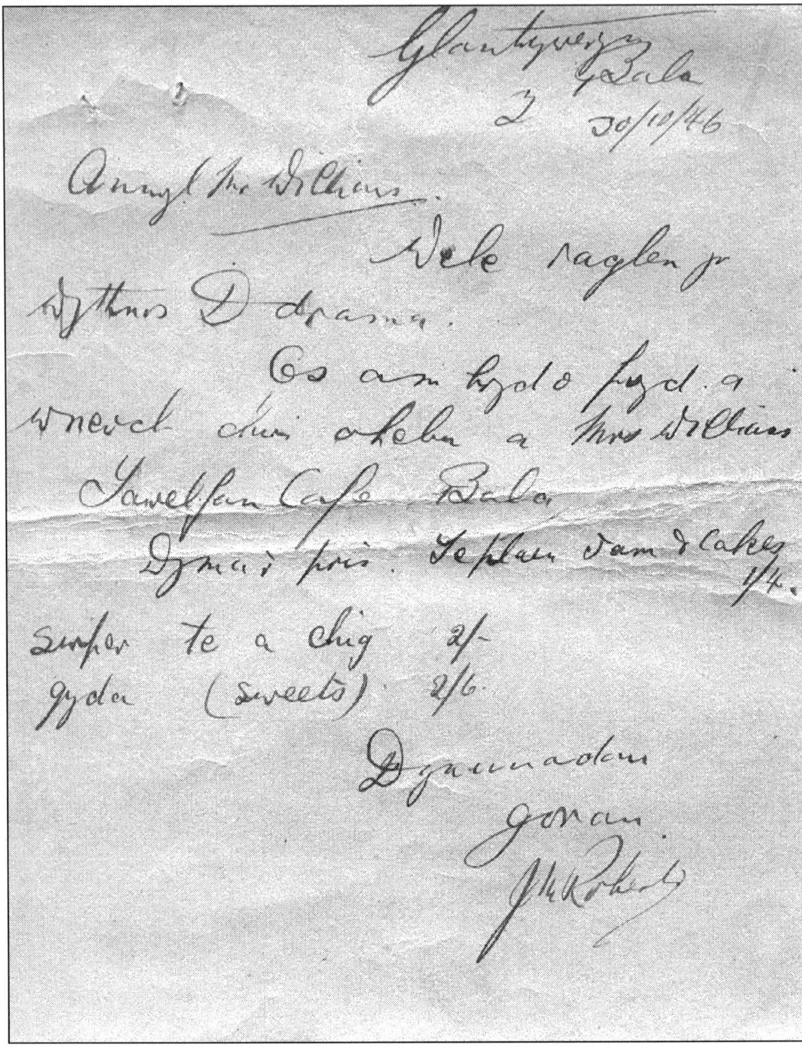

Glantryweryn
Bala
30/10/46

Annwyl Mr Williams.

Wele raglen yr Wythnos Ddrama.

Os am bryd o fwyd, a wnewch chwi ohebu a Mrs Williams Tawelfan Cafe Bala.

Dyma'i phris. Te plain jam & cakes 1/4.
Swper te a chig 2/-
gyda (sweets) 2/6.

Dymuniadau
gorau
J M Roberts

Gohebiaeth J. M. Roberts (parhad).

Gohebiaeth oddi wrth Alun Williams ynglŷn â pherfformiad o *Pen y Daith* yn Y Felinheli ar nos Wener, Tachwedd 15, 1946:

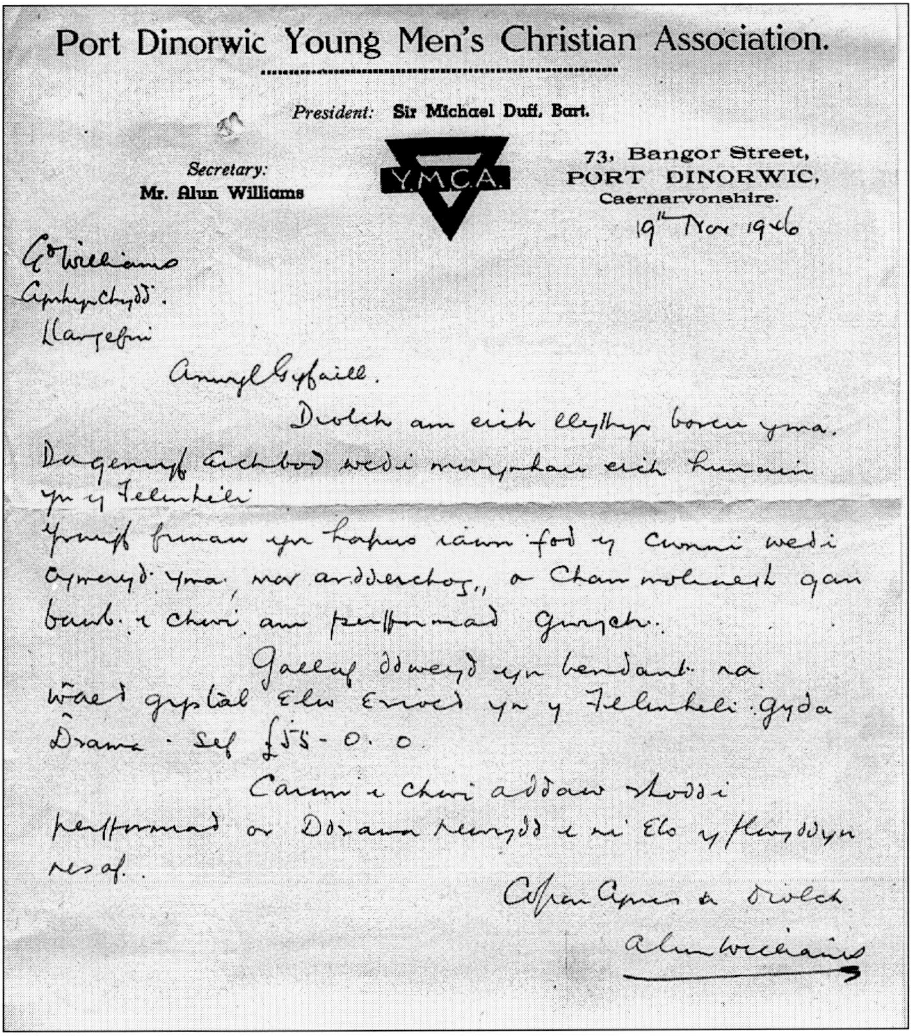

Port Dinorwic Young Men's Christian Association.

President: **Sir Michael Duff, Bart.**

Secretary:
Mr. Alun Williams

Y.M.C.A.

73, Bangor Street,
PORT DINORWIC,
Caernarvonshire.

19th Nov 1946

Gd Williams
Argraffydd.
Llangefni

Annwyl Gyfaill.

Diolch am eich llythyr bore yma.
Da gennyf eich bod wedi mwynhau eich hunain
yn y Felinheli
Yr wyf fy hunan yn hapus iawn fod y Cwmni wedi
cymeryd yma, mor ardderchog,, a Chanmoliaeth gan
bawb i chwi am perfformiad gwych.

Gallaf ddweyd yn bendant na
wâed gystal Elw Erioed yn y Felinheli gyda
Drama. sef £55-0.0

Carwn i chwi addaw rhoddi
perfformiad o'r Ddrama newydd i ni Eto y flwyddyn
nesaf.

Cofion Cynnes a diolch

Alun Williams

DETHOLIAD O RAGLENNI

'PEN Y DAITH' 1946

ACT I.

Golygfa: Cegin orau yr Henriw, cartref Tomos Huws, tua tri o'r gloch ar brynhawn o Ragfyr.

ACT II.

Golygfa: Yr un ystafell tua wyth o'r gloch nos drannoeth.

ACT III.

Golygfa: Yr un ystafell, wyth o'r gloch y nos.

Disgyn y llen am ychydig eiliadau cyn diwedd yr act.

Y mae ysbaid o noson rhwng pob act a hefyd rhwng y ddwy olygfa yn yr act olaf.

CYMERIADAU

yn ol trefn eu hymddangosiad.

Jenny Owen .... Myfanwy Owen.

Wil Pirs .... R. Aethwy Jones.

Mari Owen .... Doris Davies–Jones.

Tomos Huws .... Hywel Williams.

Sara Puw .... Nell Hodgkins.

Dafydd Owen .... Maelgwyn Jones.

Ishmael Ifans .... T. Charles Simpson.

Bob Hughes .... Edward Williams.

Huw Owen .... Arthur Owen.

Cynhyrchydd: Edward Williams.

Colurwr: G. J. Williams.

Llwyfan a Golau: Osborne Williams.

'Y BRODYR' 1947

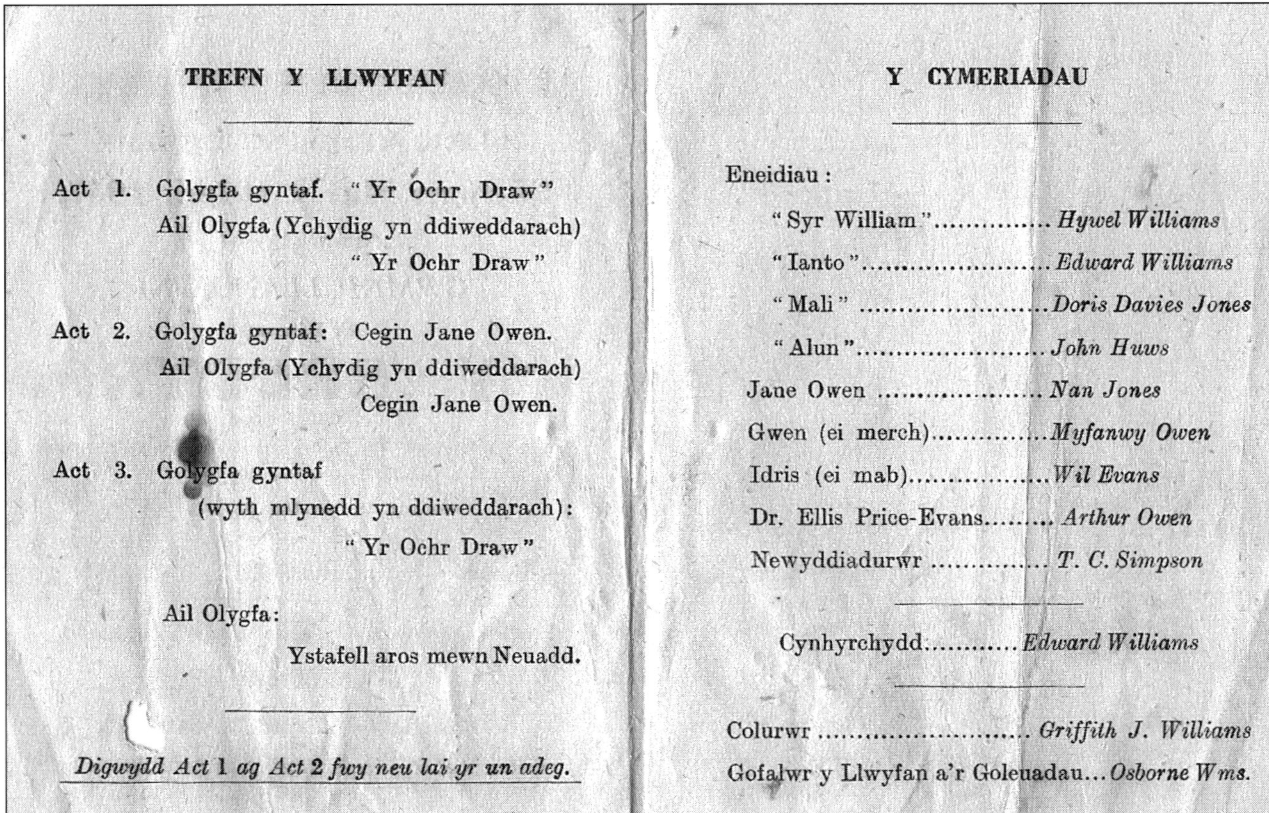

TREFN Y LLWYFAN

Act 1. Golygfa gyntaf. " Yr Ochr Draw "
Ail Olygfa (Ychydig yn ddiweddarach)
" Yr Ochr Draw "

Act 2. Golygfa gyntaf: Cegin Jane Owen.
Ail Olygfa (Ychydig yn ddiweddarach)
Cegin Jane Owen.

Act 3. Golygfa gyntaf
(wyth mlynedd yn ddiweddarach):
" Yr Ochr Draw "

Ail Olygfa:
Ystafell aros mewn Neuadd.

*Digwydd Act **1** ag Act **2** fwy neu lai yr un adeg.*

Y CYMERIADAU

Eneidiau:

" Syr William "............... *Hywel Williams*
" Ianto "........................ *Edward Williams*
" Mali " .... *Doris Davies Jones*
" Alun "........................ *John Huws*
Jane Owen .... *Nan Jones*
Gwen (ei merch).............. *Myfanwy Owen*
Idris (ei mab).................. *Wil Evans*
Dr. Ellis Price-Evans......... *Arthur Owen*
Newyddiadurwr .... *T. C. Simpson*

Cynhyrchydd........... *Edward Williams*

Colurwr .... *Griffith J. Williams*
Gofalwr y Llwyfan a'r Goleuadau... *Osborne Wms.*

GOLYGFEYDD.

ACT I.

Golygfa : Cegin tu cefn i Siop Sam Morgan.
Dychweliad Jim Morgan wedi chwarter canrif yn yr Amerig.

ACT II.

Golygfa : Yr un ystafell ddau ddiwrnod yn ddiweddarach.
Jim yn gwrthod cefnogi Carnifal ac yn addo rhodd o £5,000 at yr ysbyty.

ACT III.

Golygfa I : Yr un ystafell bore drennydd.
Rhodd Jim yn achos ymraniad yn y Dref.

Golygfa II : Yn hwyr yr un diwrnod.
Jim yn annibynol.

CYMERIADAU

yn ôl trefn eu hymddangosiad.

MARI PARRY	*Doris Aethwy Jones*
LYN PARRY	*John Morris*
HELEN	*Eluned Rowlands*
SAM MORGAN	*John H. Cole*
ANN MORGAN	*Nan Jones*
MISS STEVENS	*Nellie Evans*
FRED EDWARDS	*Leslie Hodgkins*
TOMI	*Arthur Williams*
JIM MORGAN	*Hywel Williams*
WIL SGADAN (Penwaig)	*Ifan Griffith*

Cynhyrchydd : **Edward Williams.**
Colurwr : **G. J. Williams.**
Gofalwr y Llwyfan : **T. H. Cleaver.**
Cof-weinydd : **Wil Evans.**
Ysgrifennydd : **Owen Arthur Owen, Tanycoed, Llangefni**

DETHOLIAD O DOCYNNAU

NEUADD UWCHALED, CERRIGYDRUDION.

PERFFORMIR Y DDRAMA

"PEN Y DAITH"

GAN GWMNI LLANGEFNI

IONAWR 31, 1947.

Llywydd:

Mr. E. W. ROBERTS, B.Sc., Pentrefoelas.

Drysau'n agored 7 o'r gloch Dechreuir 7.30.

TOCYN 2/6

Dan nawdd Aelwyd Gellioedd.

HOREB, GER LLANSANNAN

Perfformiad o'r Ddrama

"PEN Y DAITH"

(J. Ellis Williams)

GAN GWMNI LLANGEFNI

NOS SADWRN, MEHEFIN 8, 1946

Drysau'n agored am 6-30 I ddechrau am 7 o'r gloch.

Llywydd: R. O. F. WYNNE, Ysw., Garthewin.

TOCYN 2/6 Plant Hanner y Pris.

FESTRI M.C., LLITHFAEN

Nos Wener, Mawrth 7, 1947

PERFFORMIR

Y DDRAMA

PEN Y DAITH

(J. ELLIS WILLIAMS)

GAN GWMNI ENWOG LLANGEFNI

Cadeirydd*: *R. Jones, Ysw., Rhostryfan

Drysau'n agored am 7. Dechreuir am 7-30.

Yr elw i Gronfa y Neuadd Bentref Llithfaen.

TOCYN: DAU SWLLT.

Neuadd y Dref, Machynlleth

Perfformir y Ddrama

"PEN Y DAITH"

(J. Ellis Williams)

Gan Gwmni Llangefni

Nos Sadwrn, Medi 21ain, 1946

AIL SEDDAU ::: 2/6

(yn cynnwys y toll)

NEUADD Y DREF, CAERGYBI

Nos Fawrth, Ionawr 29 ain, 1946.

Perfformir Y DDRAMA Boblogaidd

"PEN Y DAITH"

(J. Ellis Williams)

Gan: Gwmni Enwog Llangefni.

Cadeirydd : R. Jones Williams, Ysw., Y Wern.

Drysau yn Agored am 6-30 o'r gloch, I ddechrau am 7.

Yr Elw at Gymdeithas y Weinyddes, Caergybi.

Tocyn 2/-.

Argraffwyd gan Llyfni Huws, Penygroes.

Gwyl Ddrama y Sir

Dan Nawdd Cyngor Gwlad Môn ac mewn Cydweithrediad a Sefydliad Merched y Sir a'r Mudiad Ieuenctid

YN

NEUADD Y DREF, LLANGEFNI

NOS FERCHER, MAWRTH 2OFED, 1946.

Beirniaid :

J. ELLIS WILLIAMS. : ELSBETH EVANS.

Dechreuir am 6-30 o'r gloch.

TOCYN. 2/-

Printed by Jarvis & Foster, Bangor

NEUADD GOFFA, PENYGROES

Nos Iau, Ebrill 25, 1946.

Perfformir Y DDRAMA Enwog :-

"PEN Y DAITH"

(J. Ellis Williams).

gan GWMNI HYSBYS "LLANGEFNI"

(Buddugwyr yn Eisteddfod Genedlaethol 1944—45.)

Cadeirydd : MR. J. J. PRITCHARD, Central Stores, Penygroes

Tocynnau Seddau Cadw iw cael gan Mr. Cyril Morris, Commerce House, Penygroes o'r 23 o Ebrill, ymlaen.

(Yr Elw i GRONFA GROESO GARTREF MILWYR NANTLLE).

Agor 6-30. Dechrau 7. Tocyn (Sedd-gadw) 2/-.

NEUADD Y DREF, LLANGEFNI.

Perfformir y Ddrama:

"PEN Y DAITH"

(J. Ellis Williams)

Gan GWMNI LLANGEFNI

(Buddugwyr yr Eisteddfod Genedlaethol, 1944 a 1945)

Enillwyr y Wobr Gyntaf yng Ngwyliau Drama Môn;

Rhosgadfan, Arfon; Pwllheli a Phorthmadog.

NOS IAU, GORFFENNAF 25, 1946.

Llywydd: Y Cynghorydd Mrs. DALE JONES.

Y perfformiad olaf cyn y prawf terfynnol yn yr Eisteddfod Genedlaethol yn Aberpennar.

Drysau yn agored am 6-30. Dechreuir am 7.

TOCYN 2/-

CWMNI DRAMA LLANGEFNI.

PERFFORMIR Y GOMEDI

"Y CARNIFAL"

(Tom Richards)

GAN Y CWMNI ENWOG UCHOD YN Y

NEUADD LLANGEFNI,

Nos *Sadwrn, Gorffennaf 17eg, 1948.*

Drysau yn agored 6-30. Dechreuir 7 o'r gloch.

Llywydd: O. V. JONES, Ysw., F.R.C.S., Porthaethwy.

TOCYN (Sedd Gadw) **3/6**

Sicrheir Seddau yn Neuadd y Farchnad nos Fercher, Gorffennaf 14, am 6 o'r gloch, yna yn Masnachdy Mr. R. R. Jones.

Y Perfformiad olaf cyn i'r Cwmni ymddangos yn y Prawf Terfynnol yn yr Eisteddfod Genedlaethol ym Mhenybont, Awst 4ydd.

Yr Elw at Gostau Cwmni'r Ddrama i'r De.

Neuadd Goffa, Llanbedr a Thalybont.

NOS SADWRN, MAWRTH 5, 1949.

"Y Carnifal"

GAN

GWMNI ENWOG LLANGEFNI.

Llywydd : - Mr. Robert Roberts, C.S.

Drysau yn agored am 6-30. Dechreuir am 7.

Tocyn 2/-

Yr Elw at y Neuadd uchod.

PENYBONTFAWR

Ymweliad Arbennig

CWMNI DRAMA LLANGEFNI

yn

'Y CARNIFAL'

Nos Sadwrn Chwefror 26ain 1949

Drysau'n agor 6.45. Dechreuir am 7.15.

Cadeirydd: Yr Henadur J. STANLEY DAVIES

(Maer Llanfyllin)

TOCYNNAU: Seddau Ol, 2/-.

NEUADD BENTREF, LLANDDEUSANT,

NOS IAU, TACHWEDD 25ain, 1948.

PERFFORMIR Y DDRAMA ENWOG:

"Y CARNIVAL"

(Tom Richards)

GAN

GWMNI ENWOG LLANGEFNI

(Cynyrchydd Mr. Edward Williams)

Drysau'n agored am 7. Dechreuir am 7-15 o'r gloch

Tocyn 2/- (SEDDAU CADW am 6ch. yn ychwanegol).

(*Y Tocynnau i'w rhestru yn y Post Office, Llanddeusant, ac wedi 6 o'r gloch i Ty'nllan, Llanddeusant*).

Yr Elw er budd Clwb y Ffermwyr Ieuainc.

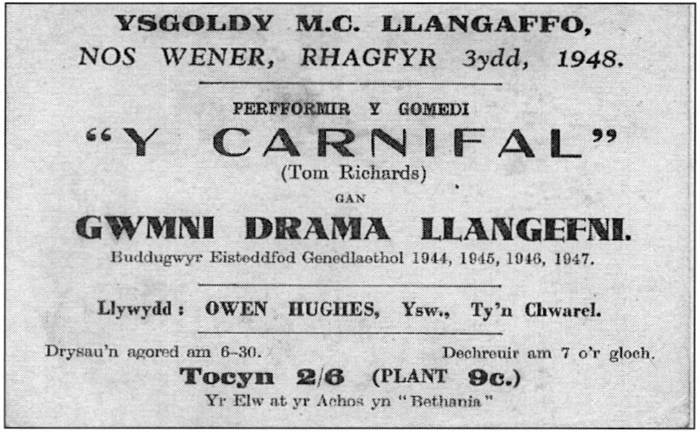
YSGOLDY M.C. LLANGAFFO,
NOS WENER, RHAGFYR 3ydd, 1948.

PERFFORMIR Y GOMEDI
"Y CARNIFAL"
(Tom Richards)
GAN
GWMNI DRAMA LLANGEFNI.
Buddugwyr Eisteddfod Genedlaethol 1944, 1945, 1946, 1947.

Llywydd: OWEN HUGHES, Ysw., Ty'n Chwarel.

Drysau'n agored am 6-30. Dechreuir am 7 o'r gloch.
Tocyn 2/6 (PLANT 9c.)
Yr Elw at yr Achos yn "Bethania"

NEUADD TY'N-Y-PORTH, PENMACHNO

Perfformir y Ddrama
"Y CARNIVAL"
yn y lle uchod, gan
GWMNI ENWOG LLANGEFNI, Mon
(Enillwyr Eisteddfodau Cenedlaethol)
NOS SADWRN, RHAGFYR 4, 1948

Cadeirydd—D. DAVIES, Ysw., Penmachno

Drysau yn agored am 6-30, dechreuir am 7 o'r gloch
Tocyn Llawr : 2/-
Yr elw at Eglwys Bethania (M.)

Cangen Llanbrynmair o'r Lleng Brydeinig
LLANBRYNMAIR BRANCH BRITISH LEGION.

PERFFORMIAD GAN
GWMNI DRAMA LLANGEFNI
O'R DDRAMA
"Y CARNIFAL"
YN Y NEUADD BENTREF, LLANBRYNMAIR
NOS SADWRN, RHAGFYR 11, 1948.

LLYWYDD: MAJOR R. H. JONES-EVANS.

SEDD GANOL 3/-

NEUADD GOFFA, GLAN CONWY

Sadwrn, Ionawr 22ain, 1949
Cynhelir Drama
"Y CARNIFAL"
(TOM H. RICHARDS)
Y Gomedi Fuddugol yn Eisteddfod Genedlaethol Dinbych
GAN
GWMNI DRAMA LLANGEFNI
SIR FON

Drysau yn agored am 6.30 p.m. :: Dechreuir am 7.
Tocyn: 2/6

LLYFRYDDIAETH

Hanes y Ddrama Gymraeg, T. J. Williams,1915. (A'r feirniadaeth ar y Gystadleuaeth Genedlaethol ynglŷn ag Eisteddfod Bangor, 1915). Arg.: Samuel Hughes, Pendref, Bangor.

Storïau'r Henllys Fawr, W. J. Griffith, 1938. J. D. Lewis a'i Feibion Cyf., Llandysul.

Hanes Y Ddrama Yng Nghymru 1850-1943, O. Llew Owain, 1948. Cyh. ar ran Cyngor Yr Eisteddfod Genedlaethol. Gwasg Y Brython, Lerpwl.

Y Bywgraffiadur Cymreig hyd at 1940, 1953. Paratowyd dan nawdd anrhydeddus Cymdeithas y Cymmrodorion Llundain.

Crwydro Môn, Bobi Jones, 1957. Llyfrau'r Dryw, Llandybie.

Bro'r Eisteddfod 3 Ynys Môn, 1983. Gol. Yr Athro Bedwyr Lewis Jones, Dr. Derec Llwyd Morgan. Christopher Davies (Cyhoedd-wyr) Cyf., Llandybie.

Cymeriadau Gogledd Cymru, Rodney Hughes, 1995. Cyhoeddwyd gan ei wraig, Olwen. Arg. W. O. Jones, Llangefni.

Codi'r Llen, Hywel Teifi Edwards, 1998. Gwasg Gomer.

Traethawd Coleg (Caerdydd), Myfanwy Jarman, 1972

'Hanes a Datblygiad y Mudiad Drama ym Môn rhwng 1941 a 1971, gyda sylw arbennig i Theatr Fach,Llangefni'.

Testunau a Rhaglenni Eisteddfod Gadeiriol Môn.

Beirniadaethau a Chyfansoddiadau Eisteddfod Genedlaethol Cymru.

Llyfrgelloedd Cymru. Dramâu Cymraeg un act, 1969, Aberystwyth Pwyllgor Addysg Ceredigion.

Llyfrgell Ceredigion. Dramâu Cymraeg hir, 1957, Aberystwyth Pwyllgor Addysg Ceredigion.

Y Clorianydd.

Yr Herald Gymraeg.

Y Cyfnod a'r Meirioneth Express.

Y Rhedegydd.

Y Seren.

Y Cymro.

Caernarvon & Denbigh Herald and North Wales Observer.

CYDNABOD HAWLFRAINT

Diolchir i'r canlynol am ganiatâd dyfynnu:

Christopher Davies, *Bro'r Eisteddfod, 3, Ynys Môn* (1983).
Gwasg Gomer, *Storïau'r Henllys Fawr* (1938); *Codi'r Llen* (1998).
Olwen Hughes, *Cymeriadau Gogledd Cymru* (1995).
J. O. Jones ar ran Cyngor Gwlad Môn, *Môn* (1957).
Llys yr Eisteddfod Genedlaethol, *Cyfansoddiadau a Beirniadaethau* (1943 ac ymlaen).
J. R. Williams (cyhoeddiad preifat), *Deugain Mlynedd o Droedio'r Byrddau* (1995).